유학생이 바라본 한국문화

_____ 님께

"마음을 다해 집중하면
실력은 깊어지고,
유장(流長)하게 이어지는 노력은
성과를 꽃피우며,
목표를 향한 한결같은 열정은
인생의 흐름을 바꾼다."

유학생이 바라본
한국문화

초판 1쇄 발행 2025. 9. 26.

지은이 서영선
펴낸이 김병호
펴낸곳 주식회사 바른북스

편집진행 황금주
디자인 양헌경
마케팅 송송이 박수진 박하연

등록 2019년 4월 3일 제2019-000040호
주소 서울시 성동구 연무장5길 9-16, 301호 (성수동2가, 블루스톤타워)
대표전화 070-7857-9719 | **경영지원** 02-3409-9719 | **팩스** 070-7610-9820

•바른북스는 여러분의 다양한 아이디어와 원고 투고를 설레는 마음으로 기다리고 있습니다.
이메일 barunbooks21@naver.com | **원고투고** barunbooks21@naver.com
홈페이지 www.barunbooks.com | **공식 블로그** blog.naver.com/barunbooks7
공식 포스트 post.naver.com/barunbooks7 | **페이스북** facebook.com/barunbooks7

ⓒ 서영선, 2025
ISBN 979-11-7263-586-2 03380

•파본이나 잘못된 책은 구입하신 곳에서 교환해드립니다.
•이 책은 저작권법에 따라 보호를 받는 저작물이므로 무단전재 및 복제를 금지하며,
이 책 내용의 전부 및 일부를 이용하려면 반드시 저작권자와 도서출판 바른북스의 서면동의를 받아야 합니다.

유학생이 바라본 한국 문화

> 한국 문화의 품격을 말하다

한국 문화의 가치,
경험, 공감,
문화적 해석

서영선 지음

바른북스

프롤로그

"한국 문화를 배우는 또 하나의 이유"

21세기 대한민국은 새로운 문화적 전환점을 맞이하고 있다.

세계인이 열광하는 K-POP과 드라마, 매혹적인 한식과 전통의 미감, 그리고 역동적인 시민사회는 이제 단순한 한류 열풍을 넘어, '한국' 자체를 배우고 싶은 대상이 되었다. 이와 함께 한국을 찾는 유학생들도 급격히 늘어나고 있다. 그들은 단지 언어만이 아닌, 이 땅의 사람들과 살아가는 방식, 즉 문화와 삶의 철학을 함께 배우고자 한다.

이러한 흐름 속에서 하나의 거대한 변화가 또 하나의 과제를 던지고 있다. 바로 인공지능(AI)의 일상화이다.

요즘 유학생들은 글쓰기 과제부터 수업 발표까지 AI를 적극적으로 활용하고 있다. 빠르게 번역하고, 문장을 정리하고, 구조를 다듬는 AI는 그야말로 학습의 강력한 조력자다. 그러나 그만큼 우려의 목소리도 높아지고 있다.

"학생이 쓴 글이 아니라, AI가 대신한 글이다."

"학생은 스스로 무엇을 이해하고, 그것을 자기화하거나 내재화하였는가?"

우리가 직면한 진짜 질문은 'AI를 얼마나 잘 쓰느냐'가 아니라, 'AI를 통해 무엇을 알게 되었나'이다. AI는 분명 유용한 도구이지만, 문화는 도구로만 배울 수 없는 생생한 인간의 경험이다.

AI는 '정(情)'이라는 단어를 번역할 수는 있어도, 그 정서가 사람 사이를 어떻게 메우고, 어떤 뉘앙스로 작동하는지는 설명하지 못한다. 명절에 차례를 지내는 이유, 찜질방에서의 침묵, 음식 속에 스며든 기억과 공감, 공동체 속의 질서와 배려 등, 이 모든 것은 텍스트가 아니라 체험을 통해 느끼고, 이해하고, 스스로의 언어로 재구성하여 자신만의 방식으로 표현해야 비로소 배움이 완성되는 문화의 본질이다.

이 책은 바로 그 지점에서 출발한다.

유학생과 외국인 학습자들이 한국 사회에 단순히 적응하는 수준을 넘어, 깊이 있는 공감과 능동적인 참여를 통해 함께 살아갈 수 있도록 지원하는 것을 목표로 한다.

AI 도구의 힘을 배제하지 않는다. 오히려 이를 적극 활용하되, 그 과정이 기계적인 대체가 아닌 인간적인 확장으로 이어지도록 이끈다. 예를 들어, '한복'을 단순히 검색하는 데 그치지 않고, 그 안에 담긴 오방색의 철학과 세대 간 의미를 함께 나누고 토론하며 표현하는 활동으로 확장한다.

교육이란 결국 삶의 방향을 제시하는 일이자, 사람과 사회를 연결하는 다리를 놓는 일이다. 지금 우리는 AI와 인간이 함께 살아가야 하는 교육의 새로운 국면에 서 있다. 이 책은 단지 문화 콘텐츠를 나열하는 교재가 아니라, 인공지능 시대를 살아가는 배움의 방식, 그리고 문화 간 소통의 윤리를 함께 담고자 했다.

'한국의 전통문화' 수업에서 학생들이 발표했던 다양한 주제들과, 그 과정에서 활발히 이루어진 상호 학습의 내용을 모아 카테고리별로 재구성하였다. 한국 문화, 전통과 현재, 학습과 표현, '어떻게 이해하고, 표현하고, 살아내는가'가 교육의 핵심이 되었다.

이 모든 것을 함께 고민하고자 하는 이들에게, 이 책이 작은 나침반이 되기를 바란다. 그리고 그 여정의 끝에, '한국을 안다'는 말이 단지 정보의 축적이 아닌 경험과 공감의 깊이로 완성되기를 희망한다.

2025년 7월 15일
서영선

> **학생들의 이야기**

> 환경은 사람의 마음과 감정을 품고 성장할 수 있는 비옥한 토양이 됩니다. 한국 사람들은 따뜻하고 친절하게 저를 맞이해 주었습니다. 한국 문화는 과거로부터 물려받은 유산을 바탕으로 현재와 소통하며 외국인을 열린 마음으로 받아들일 수 있는 잠재력을 가지고 있다고 생각합니다.
>
> 이란, 야사만

> 한국에 사는 외국인 유학생으로서, 저는 K-pop을 넘어 가치관과 공동체 의식에 대한 깊은 존중을 바탕으로 한 한국 문화에 깊은 감명을 받았습니다. 또한 김치, 비빔밥 등 한국의 다양한 음식을 접하고 젓가락질하는 법도 배웠습니다. 그래서 현대와 전통이 조화롭게 어우러진 한국 생활에 빠르게 적응할 수 있었습니다.
>
> 카메룬, 호노래

> 한국 전통문화 수업을 통해 사람과의 인연을 소중히 여겨온 한민족의 따뜻한 마음을 깊이 느낄 수 있었다. 한국의 전통문화에는 소통과 나눔, 예의를 중요하게 여기는 마음이 담겨 있다. 이러한 따뜻한 마음이 있었기에 '정문화, 반찬 문화, 우리 문화' 같은 한국만의 독특한 문화가 만들어졌다고 생각한다.
> 한국 문화 수업은 단순히 지식을 배우는 것을 넘어서, 사람을 아끼고 서로를 존중하는 마음을 다시 한번 느끼게 해준 귀한 시간이었다.
>
> 일본, 레이나

처음에 수강신청을 할 때 수업의 이름만 보았을 때는 단순히 한국의 대표적인 전통문화를 배우는 수업인 줄 알았다. 그런데 수업 현장에서 세계 각국의 학생들과 어울리며 서로가 몰랐던 한국의 문화를 알려주고 그동안 내가 알고 싶었던 문화를 파헤치는 과정에서 교수님의 자세한 설명이 뒤받쳐지며 단순히 수업에서 배울 수 있는 내용 그 이상의 경험과 지식을 배우고 한국의 소중한 문화들에 관한 관심과 지켜야겠다는 생각이 들었다.

한국, 김태윤

한국 문화는 정말 특별하다고 생각해요. 사람들은 어른에게 인사할 때 고개를 숙이고 두 손으로 인사해요. 그것은 예의를 잘 보여줘요. 또, 저는 한옥을 좋아해요. 한옥은 자연과 함께 살아가는 조용하고 아름다운 집이에요. 한국 사람들은 밥을 나누고, "언니", "형" 같은 말을 써요. 이런 말은 가족이 아니어도 따뜻한 마음을 느끼게 해요. 저는 한국의 정과 전통을 정말 사랑하게 되었어요.

인도, 한나

한국 문화는 콜롬비아 문화와 많이 다르지만, 다른 사람을 배려하는 점이 인상 깊었습니다. 격식 있는 문화와 '빨리빨리' 문화, 교육 경쟁이 조금 힘들지만, 대부분의 한국 사람은 외국인의 실수를 이해하고 친절하게 도와줘서 매우 좋습니다. 전통을 소중히 여기고 과거를 기념하는 한국의 모습이 참 아름답다고 생각합니다.

콜롬비아, 이사벨라

저는 K-문화를 통해서 다양한 지식, 소중한 친구들, 음식 만들어보는 경험, 잊을 수 없는 추억을 가질 수 있었습니다. 특히 팀 발표를 준비하는 과정에서 성실하게 참여하고, 서로 의견을 존중하고, 서로를 배려하면서 같이 열심히 해야 하는 태도를 배웠습니다. 수업마다 다양한 학생들의 발표를 듣고 평가하면서 말하는 능력을 향상할 수 있었습니다.

우즈베키스탄, 마르저나

한국 전통문화 수업에 참여하다 보면 단순한 수업이 아니라 경험이기도 하다는 걸 알게 됩니다. 한국의 각 문화를 실제로 경험하듯 자세히 탐구하고 배울 수 있었기 때문에 고대부터 현대까지 한국에 대해 더 깊이 이해하는 데 도움이 되었습니다. 이러한 학습 방법을 통해 그 지식은 더 쉽게 이해되고, 더 쉽게 배울 수 있으며, 더 깊은 인상을 남길 것입니다.

베트남, 후옹 끼앙

한국 음식의 맛뿐만 아니라 그 안에 담긴 철학과 마음, '정(情)'을 깊이 느낄 수 있었습니다.
우리는 팀 발표와 개인 발표를 모두 경험했는데, 팀 활동을 통해 서로 다른 생각을 존중하고 함께 만들어 가는 협업의 즐거움을 배웠습니다. 새로운 친구들을 만나고, 그들과 마음을 나누며 한국 음식이 사람을 잇는 힘이 있다는 걸 알게 되었습니다. 또한 개인 발표를 준비하면서는, 내가 느낀 감정과 생각을 나만의 방식으로 표현하며 '자유'를 느낄 수 있었습니다.

우즈베키스탄, 무슈타리

한국의 가족 윤리는 유교의 영향으로 가부장적 가족주의가 지배적이었다. 그리고 효행을 강조했고 혈연과 제사를 중시했다. 농업사회에서는 대가족이 중요한 역할을 했고 이것은 세대 간의 연계가 깊었으며 가족 단위의 협업이 중요시되는 가치관을 반영하는 것이라는 것을 알게 되었다.

중국, 박옥란

'한국 전통문화' 수업을 들으면서 나는 마치 한국 문화의 보물창고를 하나씩 열어가는 기분이 들었다. 한국 드라마에서 식사 장면이 나올 때마다 참 인상적이라고만 느꼈는데, 그 속에 담긴 의미와 배경을 직접 배우고 나니 감동이 더 크게 다가왔다. 한국 반찬의 역사와 종류 등도 새롭게 알게 되었고, 단순히 음식을 차려놓는 것이 아니라, 서로를 생각하고 정을 나누는 한국 고유의 식문화라는 점에서 깊은 울림을 받았다. 유학생으로서 한국 문화의 따뜻하고 세심한 아름다움을 다시 한번 느낄 수 있었던 소중한 시간이었다.

베트남, 치에우 티홍니인

장 담그기 문화는 우리 조상들의 삶의 지혜와 전통이 고스란히 담겨 있다고 느꼈고 이러한 점에서 장 담그기 문화는 전통문화를 소개하는 데 의미 있는 주제라고 생각한다. '한국 전통문화'는 사람마다 생각하는 한국을 대표하는 전통문화가 다르게 나타나는 점이 인상 깊었고 이를 통해 한국 전통문화의 다양성과 개인적인 관점의 차이를 느낄 수 있었다.

한국, 홍승표

한국 문화는 전통과 현대가 아름답게 조화를 이루고 있어 깊은 인상을 받았습니다. 사람들의 따뜻한 환대와 정(情) 문화가 마음을 더욱 따뜻하게 해주었습니다. 앞으로도 한국의 다양한 문화를 더 배우고 경험하고 싶습니다.

미얀마, 에이 띠인

학교에서 개최하는 특색 있는 문화 활동은 정말 저에게 더 많은 것을 알게 해주었습니다. 한국의 음식은 다양하지 않지만, 불고기, 닭고기 등은 정말 맛있고, 길거리 음식은 저렴하고 맛있습니다. 이런 경험은 저에게 한국 문화에 대한 깊은 인식을 심어주었습니다.

중국, 강온휘

한국에 처음 와서 완전히 새로운 방식으로 삶을 경험할 때, 잘 어울리지 못하는 것 같았습니다. 다른 세상에서 온 저는 모든 것이 달랐지만, 한국의 아름다운 문화를 배우고 적응하는 것은 제 인생에서 가장 값진 경험이었습니다. 실수도 하지만, 그 과정이 새로운 문화를 받아들이는 아름다움입니다. 한국 문화는 제 마음에 뿌리를 내렸고, 앞으로도 이 여정을 기쁘게 이어가고 싶습니다.

멕시코, 멜리사

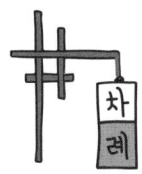

* 프롤로그
* 학생들의 이야기

 삶으로 이어진
한국의 전통 생활 문화

01.	한국의 주거 문화와 한옥	18
02.	관계를 잇는 마음의 끈 '정(情)'	22
03.	한국의 가족문화	26
04.	백일과 첫돌	30
05.	한국의 예절, 인사 문화	34
06.	전통 복식과 계절에 따른 의복 변화	38
07.	전통이 살아 숨 쉬는 혼례복	42
08.	정성과 기다림이 빚어낸 장(醬)	46
09.	조개로 빚어낸 빛의 예술 나전칠기	50
10.	자연과 조화를 이루는 오방색의 철학	54

2부. 시간을 따라 이어진 민속문화

11.	한국의 명절 1~6월	60
12.	한국의 명절 7~12월	64
13.	전통놀이의 교육적 의미	68
14.	함께 웃고 움직이며 배우는 문화	72
15.	시간과 정성이 빚은 떡	75
16.	한국의 반찬 문화	79
17.	술 다음 날의 회복 의식	83
18.	전통의 맛을 마시다	87

3부. 한국 전통 예술의 감정

19.	한국인의 마음이 흐르는 노래	94
20.	판소리의 역사와 정서	98
21.	왕실의 음악	102
22.	여성국극의 문화적 의미	106
23.	삶의 소리를 노래하다	110
24.	탈춤과 가면극	114
25.	한국 전통 무용의 미학과 정서	118

4부. 일상에 스며든 대중문화, 오늘의 한국을 말하다

26.	아름다움의 문화	124
27.	한국 드라마의 세계	128
28.	세계를 하나로 잇는 리듬 K-POP	132
29.	대중과 글로벌 팬을 사로잡은 애니메이션	136
30.	한국 영화 문화의 변화와 의미	140
31.	지역의 삶을 품은 예능	144
32.	한국의 카페문화	148
33.	한국의 대중교통 문화	152
34.	뜨거운 휴식의 공간 찜질방	156
35.	길거리 음식과 야시장 문화	159
36.	24시간 문화와 편의점 생활	163

 공동체 정신과 질서의 조화를 이루는 K-시민문화

37.	세계가 주목하는 시민의 힘	170
38.	한국 민주주의의 기적	174
39.	질서를 지키는 일상의 예절	177
40.	보이지 않는 신뢰	181
41.	반려동물 문화와 공존 인식	184
42.	환경을 지키는 시민 행동	188
43.	속도의 그림자 속에서	192
44.	"우리"라는 말의 문화	196
45.	함께 살아가는 사회를 위하여	200
46.	사람을 기억하는 나라	204

✺ 에필로그
✺ 참고문헌

01. 한국의 주거 문화와 한옥
02. 관계를 잇는 마음의 끈 '정(情)'
03. 한국의 가족문화
04. 백일과 첫돌
05. 한국의 예절, 인사 문화
06. 전통 복식과 계절에 따른 의복 변화
07. 전통이 살아 숨 쉬는 혼례복
08. 정성과 기다림이 빚어낸 장(醬)
09. 조개로 빚어낸 빛의 예술 나전칠기
10. 자연과 조화를 이루는 오방색의 철학

1부.

삶으로 이어진
한국의 전통 생활 문화

한국의 주거 문화와 한옥

　　　　　　한국의 전통 주거 문화는 단순히 생활 공간을 마련하는 차원을 넘어서, 인간과 자연이 조화롭게 공존하며 살아가기 위한 철학이 고스란히 담긴 결과물이다. 그 중심에는 바로 한옥(韓屋)이 있다. 한옥은 기후와 지형, 풍수와 가족 구조, 공동체 문화에 이르기까지 한국인의 삶 전반을 고려한 건축 양식으로, '지혜로운 집짓기'의 결정체라 할 수 있다.
　한옥은 무엇보다 자연과의 순응을 기반으로 한다. 북쪽에 산을 두고 남쪽으로 마당과 대문이 열린 배치는 햇볕을 최대한 끌어들여 겨울철 보온에 유리하고, 여름에는 처마 아래 그늘과 마루를 통해 시원한 기운을 유지할 수 있도록 설계되었다. 기후에 대한 대응은 온돌과 마루라는 이중 구조를 통해 더욱 극대화된다. 온돌은 바닥에 불을 지펴 열을 순환시키는 난방 방식으로, 따뜻한 방바닥에서 앉고 자며 생활하는 한국인 특유의 좌식 문화와 연결된다. 반면 마루는 바닥을 띄운 구조로, 통풍이 잘되고 열기를 식혀주는 여름철 공간이다. 이처럼 한옥은 사계절의 변화에 유연하게 대응하며 쾌적한 생활을 가능하게 한다.

한옥의 공간 구성은 단지 기능적인 분할이 아닌, 삶의 방식과 가족 중심 문화의 반영이기도 하다. 안채는 주로 여성과 어린이들이 생활하는 공간으로, 생활의 중심지였다. 사랑채는 남성의 공간 혹은 손님을 맞이하는 장소로 활용되며, 집 안의 위계와 역할을 분명히 보여준다. 마루는 집 안의 중간에 위치해 안채와 사랑채, 또는 가족 구성원들을 잇는 연결 공간이자 휴식의 장소였다. 집과 마당, 담장, 정원까지를 하나의 생활 단위로 보고, 자연 속에서 거닐며 계절의 흐름을 느끼는 삶은 한옥이 단순한 집 그 이상의 의미를 지녔음을 보여준다.

또한 한옥은 건축 재료의 선택에서도 지속 가능성을 실현해 왔다. 흙, 나무, 기와, 돌 등 자연 재료를 주로 사용해, 집 자체가 환경에 부담을 주지 않고 순환되는 생태 구조를 갖췄다. 시간이 지나며 집이 노후되면 그것 또한 자연으로 되돌아가는 구조로 설계되어 있어, 오늘날의 친환경 건축이 지향하는 가치와도 맞닿아 있다.

현대에 이르러 한옥은 단순히 전통을 계승하는 과거의 공간이 아니라, '지속 가능한 삶의 모델'로서 다시금 조명받고 있다. 최근에는 한옥을 리모델링한 한옥 호텔, 북카페, 갤러리, 한옥 체험 등이 도심 곳곳에 등장하며, 전통과 현대가 공존하는 새로운 문화 공간으로 변화하고 있다. 특히 외국인 관광객들에게 한옥은 단순한 숙박이 아니라, 한국의 생활 철학과 미감을 몸소 체험하는 소중한 문화 경험으로 여겨진다.

  한옥은 인간 중심의 건축이면서도 자연을 거스르지 않는 조화의 공간이다. 가족의 유대와 공동체적 삶을 기반으로 하고 있으며, 계절의 숨결과 더불어 살아가는 지혜가 담겨 있다. 변화하는 시대 속에서도 한옥은 단지 옛 건물이 아닌, 한국인의 정체성과 삶의 철학을 품은 살아 있는 공간 유산으로 오늘날까지 이어지고 있다.

🏛 +α **정리해 볼까요?**

1. 한옥은 어떤 방식으로 자연환경(기후, 지형 등)과 조화를 이루도록 설계되었나요? 구체적인 예를 들어 설명해 보세요.

2. 한옥의 공간 구성(사랑채, 안채, 마루 등)은 한국 전통 가족문화와 어떤 관련이 있나요? 현대 주거 문화와 비교해 보세요.

3. 한옥에 사용된 재료들은 어떤 점에서 '친환경 건축'의 예라고 할 수 있을까요? 이와 관련된 지속 가능성 개념도 함께 생각해 보세요.

4. 현대사회에서 한옥은 어떻게 재해석되고 있나요? 한옥 스테이나 카페, 문화 공간으로서의 변화는 전통성과 어떤 관계를 맺고 있나요?

5. 여러분이 한옥에 직접 살아본다면 어떤 점이 가장 매력적일 것 같고, 또 어떤 점이 불편할 것 같나요? 그 이유는 무엇인가요?

관계를 잇는 마음의 끈 '정(情)'

　　　　　　사람 사이의 관계를 설명할 때, 말로는 다 표현할 수 없는 어떤 감정이 있다. 바로 한국 사회에서만큼은 익숙하고 특별한 단어, '정(情)'이다. '정'은 단순한 애정이나 우정, 의무감을 넘어선 복합적인 감정으로, 한국인의 삶과 인간관계를 오랜 세월 동안 깊이 있게 지탱해 온 정서적 기반이다. 그러나 정이라는 개념은 그 따뜻함만큼이나 복잡하고 모순적이며, 시대의 흐름 속에서 그 의미와 작동 방식에도 변화가 생기고 있다. 오늘날 우리는 '정'이라는 문화적 정서를 어떻게 바라보아야 할까?

　한국의 '정' 문화는 농경 중심의 공동체 생활과 깊은 연관이 있다. 마을 사람들은 서로의 생계와 안녕을 함께 책임지며 협력했고, 자연스럽게 이웃 간의 유대감과 정서적 연결이 형성되었다. 그 안에는 가족 간의 끈끈한 유대, 이웃 간의 상부상조, 선후배 간의 의리, 그리고 친구 간의 깊은 마음 나눔 등이 포함되어 있다. 한국 사회에서는 한 번 맺은 인연은 쉽게 끊기지 않는다는 인식이 강하며, 한솥밥을 먹는 사이, "정이 들었다"라는 표현처럼, 생활 속 깊은 곳에서 '정'이 뿌리내려 있다.

정은 때로는 말보다 강한 감정의 매개체가 되기도 한다. 누군가를 오래 알고 지내며 서서히 쌓이는 마음, 이유 없이 도와주고 싶은 마음, 말없이 곁을 지키는 행동은 모두 정에서 비롯된다. 한국 사회에서는 이러한 '정'을 통해 인간관계를 유지하고 갈등을 해결해 나간다. 상대의 잘못에 분노하면서도 "정 때문에 용서한다."라는 말은, 단지 관용이 아니라 관계를 지속하고자 하는 정서적 의지에서 비롯된 것이다.

그러나 '정' 문화는 긍정적인 기능만을 하는 것은 아니다. 정 때문에 끊지 못하는 관계, 불편해도 유지해야 하는 인간관계, 공과 사의 경계가 모호한 감정적 얽힘 등은 현대사회에서 문제가 되기도 한다. 회사, 학교, 조직 내에서의 연고주의나 감정 중심의 의사결정은 공정성과 효율성을 해치는 요소가 될 수 있다. 또한, '정'에 기대어 개인의 경계를 침범하거나, 거절을 어려워하게 만드는 문화는 때로 사람들에게 심리적 부담으로 작용한다.

더불어 세대 변화와 개인주의적 가치관의 확산은 '정' 문화의 변화를 재촉하고 있다. 특히 젊은 세대는 인간관계를 보다 명확하고 자유롭게, 감정에 덜 얽매이는 방식으로 유지하려 하며, 정서적 유대보다는 개인의 권리와 자율성을 중시하는 경향을 보인다. 이는 기존의 '정에 의한 관계 유지' 문화와 충돌을 일으키기도 하지만, 동시에 건강한 관계 재정립의 가능성을 보여주고 있다.

그럼에도 불구하고, '정'은 여전히 한국 사회를 이해하는 핵심 키워드이자, 한국인 특유의 따뜻함과 연대 의식을 상징하는 말이다. '정'은 단순한 감정이 아닌 시간을 들여 쌓이는 마음의 무게이며, 함께 살아가는 삶에 대한 공감과 배려의 표현이다. 다만 이제는 그 '정'이 개인의 자유와 권리를 해치지 않도록, 보다 성숙한 형태로 작동해야 할 시점이다.

결국 '정'이란, 관계의 끈을 이어주는 따뜻한 감정이자, 한국인의 삶을 지탱해 온 문화적 유산이다. 시대가 변해도 '정'이 가진 본질은 여전히 소중하며, 우리가 이를 어떻게 계승하고 조화롭게 실천하느냐에 따라, 미래의 인간관계 또한 보다 건강하고 깊이 있게 발전할 수 있을 것이다.

+α 정리해 볼까요?

1. '정(情)'은 애정이나 우정과 어떤 점에서 다르다고 생각하나요?

2. '정'이 긍정적으로 작용했던 경험이나 사례를 떠올려 이야기해 보세요.

3. '정' 문화가 현대사회에서 불편함을 초래하는 경우에는 어떤 것이 있을까요?

4. 개인주의가 확산하는 시대에도 '정' 문화는 어떻게 유지될 수 있을까요?

5. '정'이라는 문화적 유산을 현대적으로 계승하는 방법에는 어떤 것이 있을까요?

한국의 가족문화

가족은 인간이 태어나 처음 만나는 사회이자, 인생의 중요한 가치와 태도를 배우는 터전이다. 특히 한국 사회에서 가족은 오랜 시간 동안 사회의 근간으로 여겨지며 강한 유대와 책임의 공동체로 기능해 왔다. 그러나 시대의 변화 속에서 가족의 형태와 가치관은 빠르게 다변화하고 있으며, 그 안에서 새로운 갈등과 과제들도 함께 발생하고 있다. 이러한 흐름 속에서 우리는 한국 가족문화의 전통을 되새기고, 현대적 의미를 재정립해 나가야 할 필요가 있다.

전통적으로 한국의 가족문화는 유교적 이념을 바탕으로 형성되었다. 조선시대 이후 오랫동안 가부장적 가족주의가 뿌리내렸고, 남성 중심의 혈연과 장남을 우대하는 문화가 강하게 자리 잡았다. 가족

내 위계질서와 효행, 조화로운 인간관계, 상부상조는 핵심 가치로 여겨졌으며, 이러한 분위기 속에서 감정 표현은 억제되고 간접적인 방식이 선호되었다. 또한, 정(情)과 한(恨)을 중심으로 한 감정적 유대는 한국 가족만의 독특한 정서를 형성해 왔다.

이러한 전통은 가족의 유형과 역할에서도 뚜렷하게 나타난다. 농업사회에서는 대가족이 일반적이었고, 조부모·부모·자녀가 한 집에서 생활하며 자원을 공유하고 세대 간 지식과 경험을 전수하였다. 아버지는 생계를 책임지는 가장으로서 권위를 지녔고, 어머니는 가사와 자녀 교육을 담당했다. 아들과 딸은 각각 집안일과 동생 돌보기 등의 임무를 수행하면서 가족 구성원의 책임을 배워갔다. 조부모는 전통과 역사, 삶의 지혜를 자녀들에게 전해주는 중요한 역할을 담당했다.

하지만 현대에 들어서는 산업화, 도시화, 여성의 사회 진출 등으로 가족 형태가 다양화되었고, 이에 따라 가치관과 역할도 급격히 변화하고 있다. 한부모 가족, 재혼 가족, 조손 가족 등 새로운 가족 유형들이 늘어나고 있으며, 전통적 역할 분담은 점차 무너지고 있다. 이러한 변화 속에서 세대 간 사고방식의 차이, 감정 표현의 부족, 권위에 대한 인식 차이 등으로 인한 갈등이 자주 발생하고 있다. 특히, 부모 세대가 자녀를 독립된 인격체보다는 자신의 희생을 보상받을 대상으로 인식하는 경우, 가족 간의 갈등은 더 심화한다.

이러한 상황 속에서 우리는 새로운 가족문화를 모색해야 한다. 젊은 세대는 과거로부터 이어진 가족의 뿌리를 존중하고, 기성세대는 변화하는 시대에 맞춰 소통하려는 노력이 필요하다. 남성과 여성은 각자의 삶의 고단함을 이해하고 서로 공감해야 하며, 가족 구성원 간에는 열린 대화와 감정 표현이 무엇보다 중요하다. 가족은 혈연만으로 구성되는 것이 아니라, 서로를 응원하고 돌보는 관계 그 자체가 가족임을 인식해야 한다.

가족이란, 갈등이 있어도 끊어지지 않는 관계이며, 사람의 삶에 없어서는 안 될 소중한 존재이다. 후회하지 않기 위해서는 '사랑한다'라는 말을 마음속에만 간직하지 말고, 부끄러움을 넘어서 표현해야 한다. 그러한 작은 표현이 가족 간의 신뢰를 쌓고, 서로를 연결하는 끈이 될 것이다. 시대는 바뀌었지만, 가족이라는 울타리 안에서 안정감과 행복을 느끼고, 함께 살아가는 법을 배우는 일은 여전히 우리 모두에게 중요한 과제임이 틀림없다.

🏛 **+α 정리해 볼까요?**

1. 이 주제의 핵심 내용을 설명해 보세요.

2. 이 주제와 관련하여 새롭게 알게 된 어휘와 그 뜻을 정리해 보세요. (예: 어휘, 문법, 속담 등)

3. 이 주제와 비슷한 다른 나라의 문화를 비교해 보세요.

4. 이 주제로 토론을 한다면, 어떤 토론 주제가 적절할지 제안해 보세요.

5. AI를 활용해 이 과제를 수행한다면, 사용한 명령어와 그에 따른 결과를 구체적으로 서술해 보세요.

04.

백일과 첫돌

한국에는 오랜 세월 이어져 온 특별한 두 가지 전통이 있다. 바로 아기의 생존과 성장을 기념하는 '백일'과 '첫돌'이다. 이 두 날은 단순한 기념일을 넘어, 가족과 공동체가 생명의 소중함을 되새기고, 그 아이의 앞날을 축복하는 따뜻한 의식이다. 옛날에는 지금보다 아이가 건강하게 자라는 것이 훨씬 더 어려웠기에, 백일과 돌은 특히 더 간절하고 절실한 의미를 지녔다.

먼저 백일은 아기가 태어난 지 100일이 되는 날을 축하하는 날이다. 오늘날에는 비교적 가볍게 넘기는 경우도 많지만, 전통적으로는 매우 특별한 의미가 있었다. 옛 시절에는 위생과 의료 환경이 좋지 않아 많은 아이가 태어난 지 얼마 지나지 않아 세상을 떠나는 일이 흔했다. 그런 시대에 백일을 넘긴다는 것은 한 생명이 중요한 고비를 무사히 통과했다는 뜻이었고, 그것만으로도 가족 전체의 감사와 기쁨을 나눌 이유가 되었다.

백일에는 수수팥떡이나 찰밥, 미역국 등 붉은 음식을 나누며 액운을 막고 복을 불러들이는 풍습이 있었다. 특히 이 음식을 이웃과 함께 나누는 것이 중요한 전통 중 하나였는데, 이는 공동체의 정과 축복을 나누는 의미를 담고 있었다. 또한 아이를 지켜주는 존재로 여겨졌던 삼신할머니에게 제를 올리는 가정도 많았다. 삼신은 아이의 출생과 생존을 관장하는 신으로 믿어졌고, 백일은 그 신에게 감사의 마음을 전하는 날이기도 했다.

그리고 백일이 지나면, 아이는 어느덧 한 해를 맞이하게 된다. 아기의 첫 생일, 즉 '첫돌'은 백일보다 훨씬 더 성대하게 치러지는 행사다. 돌잔치는 단순히 한 살이 되었다는 의미를 넘어서, 아이가 본격적으로 사람으로서 사회의 일원이 되는 것을 축하하고, 앞으로의 삶을 기원하는 상징적 의식이었다.

돌잔치에서 빠질 수 없는 전통이 바로 '돌잡이'이다. 돌잡이는 아기 앞에 다양한 물건을 놓고, 아기가 무엇을 잡는지에 따라 장래를 점치는 의식이다. 실을 잡으면 장수, 돈을 잡으면 부자, 붓이나 책을 잡으면 학자가 된다는 식의 상징이 담겨 있다. 물론 오늘날에는 놀이로 여겨지기도 하지만, 그 속에는 아이의 건강과 성공을 바라는 가족의 간절한 마음이 담겨 있다.

또한 돌상에는 백설기, 과일, 국수, 떡 등 풍성한 음식이 차려진다. 전통 한복을 입은 아기와 가족들이 함께 모여 기쁨과 감사를 나누는 자리는, 과거든 현재든 모두에게 감동적인 순간이다. 과거에는 친척뿐 아니라 이웃, 마을 사람들까지 초대해 함께 잔치를 즐기기도 했으니, 이는 곧 개인의 생일이 공동체의 축제로 확대되는 모습이었다.

이러한 백일과 돌 문화는 시대에 따라 변화해 왔다. 과거보다 간소화되거나 가족 중심의 행사로 치러지는 경우가 많지만, 그 의미만큼은 여전히 깊이 있다. 특히 최근에는 전통 돌복을 입히거나 전통 돌상 형식으로 꾸미는 등 과거의 아름다운 전통을 현대적으로 되살리려는 움직임도 눈에 띈다.

백일과 돌은 단지 아이의 생존을 기리는 날이 아니다. 그것은 한 생명을 함께 지켜보고 응원해 준 모든 사람에게 감사와 기쁨을 나누는 시간이며, 아이의 앞날에 대한 희망과 축복이 담긴 문화이다.

시간은 흘러도, 생명을 향한 사랑과 정성은 변하지 않는다. 삶의 첫걸음을 기념하는 아름다운 전통인 백일과 돌잔치는 오늘날에도 여전히 사람들의 마음을 따뜻하게 만드는, 한국 전통문화의 살아 있는 풍경이다.

🏛 +α 정리해 볼까요?

1. 이 글에서 말하는 '백일'과 '첫돌'의 핵심 의미는 무엇인가요? 각각의 문화적 의미를 설명해 보세요.

2. 글에서 새롭게 알게 된 전통문화 관련 어휘나 표현(예: 삼신할머니, 돌잡이, 백설기 등)을 정리하고 그 뜻을 써 보세요.

3. '백일'과 '첫돌' 문화와 비슷한 의미가 있는 다른 나라의 전통이나 관습이 있다면 소개하고 비교해 보세요.

4. '백일'과 '첫돌' 문화를 주제로 토론 한다면, 어떤 주제가 적절할까요? 1~2개의 토론 주제를 제안해 보세요.

5. AI를 활용해 이 주제를 더 깊이 이해하고 싶다면 어떤 명령어를 사용할 수 있을까요? 입력한 명령어와 그 결과를 서술해 보세요.

한국의 예절, 인사 문화

사람 사이의 관계는 '인사'라는 아주 작은 행동에서 시작된다.

한국 사회에서 인사는 단순한 습관이나 예의범절 이상의 의미를 지닌다. 그것은 타인에 대한 존중의 표현이자, 공동체 속에서 조화롭게 살아가기 위한 기본적인 문화적 약속이다.

한국의 인사는 말과 행동, 그리고 마음이 함께 담긴 행위다. "안녕하세요."라는 인사 한마디에 담긴 의미는 단순한 말이 아니다.

이 말과 함께 고개를 살짝 숙이는 행동은 상대방을 향한 겸손과 존경의 표현이며, 나이와 지위가 높을수록 그 깊이가 달라진다.

특히 처음 만나는 사람에게는 더 정중한 말투와 자세로 인사를 해야 하는데, 이는 한국 문화가 관계의 첫인상을 매우 중요하게 생각하기 때문이다.

　인사는 사람 사이의 거리를 좁히고 관계를 형성하고 유지하는 도구가 되기도 한다. 처음 만났을 때뿐 아니라, 오랜만에 만났을 때 "잘 지냈어요?"라고 묻는 것도 단순한 인사가 아니라 상대방에 관한 관심과 기억을 표현하는 방식이다. 이처럼 인사는 말 한마디를 넘어, 감정과 태도, 마음을 전하는 창구가 된다. 같은 "안녕하세요."라도 웃으며 말하면 따뜻함이 느껴지고, 무표정하게 하면 형식적인 인사로 받아들여지기도 한다.

　또한, 인사는 공동체 의식을 강화하는 수단이기도 하다.

　예를 들어, 직장에서는 아침마다 "좋은 아침입니다."라고 인사를 주고받으며 소속감과 유대감을 나눈다. 학교, 직장, 지역사회 등 다양한 공간에서 인사는 구성원으로서의 참여와 책임을 확인시켜 주는 사회적 접착제 역할을 한다.

　한국의 인사법은 상황과 관계에 따라 매우 다양하다.

　친구끼리는 "안녕."이라고 인사하고, 어른이나 낯선 사람에게는 "안녕하세요." 또는 "안녕하십니까."라고 존댓말을 사용한다.

　더 격식을 차릴 때는 "처음 뵙겠습니다.", "실례하겠습니다." 등의 표현을 쓴다.

　그뿐만 아니라 인사할 때는 반드시 고개를 숙이는 동작을 동반하는데, 이 역시 말 이상의 상징적 행위다. 몸을 숙이는 각도와 눈 맞춤 여부까지도 상황에 따라 달라지는 세심한 표현은, 한국인의 섬세한 예절 문화를 잘 보여준다. 이와 같은 인사 문화는 베트남, 일본, 미국 등 다른 나라와 비교했을 때 문화적 차이를 더욱 분명하게 느낄 수 있다.

예를 들어, 베트남에서도 예절이 중요하지만, 인사할 때 보통 미소를 짓거나 손을 가볍게 흔드는 것이 일반적이며, 고개를 깊이 숙이는 행동은 드물다. 이처럼 나라마다 인사의 방식은 다르지만, 상대방을 존중하는 마음은 공통으로 담겨 있다.

한국의 인사 문화는 한마디 말, 몸짓 하나에도 타인을 존중하고 배려하려는 태도가 스며 있다. 그것은 단순히 배운 형식이 아니라, 수천 년을 이어온 공동체 중심의 전통과 가치관에서 비롯된 삶의 지혜이기도 하다.

현대사회에서는 예절이 점점 간소화되는 경향이 있지만, 인사의 중요성은 오히려 더 강조되고 있다. 디지털 시대에도 사람 사이의 관계는 결국 진심 어린 인사에서 출발한다.

한국에서의 인사는 단지 "말"이 아니라, 나를 낮추고 상대를 높이는 마음의 표현이다. 이러한 문화는 사람과 사람 사이를 더 따뜻하게 만들며, 서로를 이해하고 연결해 주는 가장 기본적인 다리 역할을 해준다.

우리가 나누는 인사 한마디 속에는, 상대를 향한 존중, 그리고 함께 살아가는 삶에 대한 의식이 담겨 있다.

+α 정리해 볼까요?

1. 이 글에서 말하는 '인사'의 의미는 단순한 행동을 넘어서 어떤 문화적 가치와 연결되어 있나요? 핵심 내용을 정리해 보세요.

2. 이 글에 나온 한국의 인사 표현과 행동에는 어떤 것들이 있나요? 상황에 따라 달라지는 표현을 정리해 보세요.

3. 한국의 인사 문화와 다른 나라(예: 베트남, 미얀마, 일본, 중국 등)의 인사 문화는 어떤 점에서 비슷하고, 어떤 점에서 다르다고 느꼈나요?

4. '예절 있는 인사'가 오늘날 디지털 시대에도 중요한 이유는 무엇일까요? 여러분의 생각을 토론 주제로 정리해 보세요.

5. AI를 활용해 한국과 다른 나라의 인사 문화를 비교하고 싶다면 어떤 명령어를 입력하면 좋을까요? 그 명령어와 그 결과를 작성해 보세요.

06. 전통 복식과 계절에 따른 의복 변화

　　　　　　　　　　한국의 전통 복식(服飾)은 단지 몸을 가리는 기능적인 옷을 넘어서, 자연과 함께 살아가는 삶의 지혜와 공동체 속의 질서를 드러내는 하나의 문화적 상징이었다. 사계절이 뚜렷한 한반도의 기후는 의복에서도 철저한 계절 감각을 요구했으며, 이에 따라 한국의 전통 의복은 계절 변화에 맞춘 섬세한 재료와 구조, 색채의 선택으로 발전해 왔다.

　여름철에는 땀이 많고 기온이 높은 특성을 고려해 통풍이 잘되는 모시(苧布)나 삼베와 유가 주로 사용되었다. 모시는 얇고 투명한 소재로, 햇살을 은은하게 통과시키면서도 몸에 달라붙지 않아 더위 속에서도 시원함을 유지할 수 있었다. 삼베는 촘촘한 조직과 견고함이 특징이며, 주로 서민층이 애용하였다. 여름 한복은 전체적으로 흰색 계열이 많았는데, 이는 더위를 식히는 시각적 효과와 청결함을 중요시하는 유교적 가치관을 반영한 것이기도 하다.

반면 겨울에는 솜을 넣은 누비옷, 두루마기, 털옷, 비단으로 안감을 댄 포(袍) 등이 사용되었다. 특히 누비 기술은 솜을 일정한 간격으로 고르게 눌러 꿰매는 기법으로, 단열 효과가 뛰어나고 내구성이 강했다. 겉감은 견직물이나 무명, 모직 등으로 구성되고 안에는 솜을 넣어 한겨울의 매서운 추위를 견디는 데 효과적이었다. 두루마기는 외출 시 외투로 입으며, 신분과 용도에 따라 길이와 색상이 달랐다.

계절에 따른 복식 변화는 옷의 형태뿐만 아니라 색상과 문양, 소재의 질감에서도 드러난다. 봄에는 화사한 파스텔 계열의 색을 사용하여 생동감 있는 자연과 조화를 이루고, 가을에는 차분하고 절제된 톤의 색상으로 풍요와 겸손의 의미를 표현하였다. 겨울에는 진한 남색, 자주색 등의 깊은 색조를 사용해 따뜻한 분위기를 자아냈다. 이러한 색감의 선택은 단지 미적 취향의 문제가 아닌, 자연의 변화에 순응하는 동양 철학과 정서의 표현이었다.

또한 전통 복식은 단순히 기후에 맞는 실용성을 넘어서 사회적 신분과 역할, 나이, 성별에 따라 달리 구성되었으며, 계절 변화 속에서도 그 기준은 일관되게 유지되었다. 예를 들어 양반 여성은 여름철에도 일정한 품위를 지키기 위해 얇은 겉옷을 덧입었고, 아이들의 복식에는 계절의 상징 문양(예: 나비, 복숭아, 해와 달)이 수놓아져 건강과 행운을 기원했다. 특히 특별한 날 입는 예복은 사계절에도 일정한 격식을 유지해야 했으며, 그 안에서도 계절감과 예의를 동시에 살리는 배려가 담겨 있었다.

한편, 한국의 전통 복식은 기능성과 더불어 '절제된 아름다움'을 추구하는 미의식이 깃들어 있다. 한복의 자연스러운 곡선, 풍성한 선과 여백의 미, 장식보다 균형을 중시한 디자인은 계절과의 조화를 더욱 돋보이게 했다. 복잡하고 화려한 장식 대신, 소재 자체의 질감과 빛을 살리는 방식은 한국 전통의 미학을 가장 잘 보여주는 부분 중 하나다.

오늘날에도 한복은 단지 전통의 흔적으로 남아 있는 것이 아니라, 계절에 따라 재해석되어 현대인의 삶 속으로 다시 들어오고 있다. 전통 방식의 한복 제작은 물론, 한복의 색감과 소재를 현대 패션에 접목한 생활한복이나 계절별 한복 체험 행사는 한국의 복식 문화를 새롭게 조명하게 한다.

결국 한국의 전통 복식은 기후와 자연, 사람과 사회, 미와 기능이 조화롭게 어우러진 총체적 문화 표현이다. 계절마다 달라지는 옷의 감각은 단순히 몸을 보호하기 위한 실용성을 넘어서, 자연에 순응하고 공동체의 일원으로 살아가는 한국인의 삶의 태도를 그대로 반영하고 있다. 사계절 속에서 피고 지는 꽃처럼, 한복은 변화 속에서도 한결같이 품위와 조화를 잃지 않는 전통의 멋을 보여준다.

🏛 +α **정리해 볼까요?**

1. 한국의 전통 복식은 계절 변화에 어떻게 적응해 왔으며, 이러한 적응 방식에 담긴 철학적 의미는 무엇인가요?

2. 한복의 색상과 소재는 계절뿐 아니라 신분, 나이, 상황에 따라 달라졌다고 했습니다. 이러한 복식 규범은 공동체 속 개인의 위치를 어떻게 보여주었나요?

3. 전통 누비옷, 모시, 삼베 등 한국 전통 의복에 사용된 소재에는 어떤 기능성과 문화적 의미가 담겨 있나요?

4. 오늘날 한복이 '생활한복'이나 '한복 체험 행사' 등으로 현대화되는 흐름에 대해 어떻게 생각하나요? 전통의 본질을 유지하고 있다고 볼 수 있을까요?

5. 한국 전통 복식에서 드러나는 '절제된 아름다움'은 다른 문화권의 복식 미학과 어떻게 비교될 수 있을까요?

전통이 살아 숨 쉬는 혼례복

한 사람의 삶에서 결혼은 단순한 의식이 아닌, 새로운 출발을 알리는 중요한 순간이다. 한국에서는 이 뜻깊은 날에 입는 옷에도 깊은 상징과 전통이 담겨 있다. 바로 한복, 그중에서도 혼례 한복이다. 한국의 전통 혼례복은 예로부터 가문과 예절을 상징하고, 부부의 앞날을 축복하는 복식으로 중요한 의미를 지녔다. 화려함과 절제, 격식과 미의식이 조화를 이루는 혼례 한복은 그 자체로 한국인의 정체성과 문화적 철학을 담아내는 귀중한 문화유산이다.

한복은 오랜 역사 속에서 시대와 계층, 의례에 따라 다양한 형태로 발전해 왔다. 기본적으로 저고리와 치마, 바지, 겉옷으로 이루어진 구조에 음양오행에 기반한 색채와 상징이 더해지면서 전통적인 미감을 표현해 왔다. 특히 혼례복에서의 색과 문양은 단순한 미적 요소가 아니라, 부부의 조화, 가문의 번영, 장수와 복을 기원하는 의미를 담고 있었다.

여성 혼례복의 대표적인 예로는 활옷과 녹원삼이 있다. 활옷은 전체에 화려한 자수 문양을 넣어 신부의 건강과 행복을 기원하며, 오방색을 적절히 조화시켜 자연과 인간의 조화를 표현한다. 녹원삼은 깃과 소매, 옷자락에 색을 다르게 넣은 원삼 형태로, 주로 족두리와 함께 착용되며 신부의 품위를 나타낸다. 이 복장은 신분에 따라 차이를 보이기도 했지만, 조선 후기에는 일반 서민도 입을 수 있게 되어 점차 대중화되었다. 한편, 남성은 단령(團領)과 사모(紗帽)를 착용했다. 남성의 혼례복은 깔끔하고 절제된 디자인으로, 단정함과 권위를 표현한다. 흉배나 각대는 품위와 상징을 강조하며, 전체적으로 단아하고 절제된 남성미를 보여준다.

혼례복에서 빼놓을 수 없는 요소가 바로 장신구이다. 여성은 족두리, 화관, 노리개 등을 통해 아름다움을 더했을 뿐 아니라, 장식 속에 담긴 의미를 통해 결혼을 축복하고 부귀영화를 기원하였다. 이러한 장신구는 신부의 감정뿐 아니라 사회적 위치와 품격을 나타내는 상징적인 도구였다.

오늘날 대부분의 결혼식은 양식으로 진행되지만, 특별한 의미를 담기 위해 전통 혼례복을 선택하는 커플도 늘고 있다. 또한 전통 한복은 문화 행사, 관광, 콘텐츠 산업 등 다양한 분야에서 그 가치를 재조명받고 있으며, 젊은 세대 또한 한복의 미학과 전통에 관심을 갖고 새롭게 재해석하는 흐름을 만들고 있다.

결혼은 한 사람의 삶에서 중대한 통과의례 중 하나이며, 한복은 그 순간을 더욱 빛내는 의식의 옷, 마음의 옷이다. 한복은 단지 예쁜 옷이 아니라, 한국인의 정서와 철학, 공동체의 가치를 담은 전통의 언어다. 혼례복의 한 땀 한 선에는 새로운 인생을 시작하는 이들을 향한 축복과 존중, 그리고 전통을 잇는 자긍심이 고스란히 담겨 있다.

🏛 +α 정리해 볼까요?

1. 이 글에서 전통 혼례복이 가지는 문화적 의미는 무엇인가요? 혼례복이 단순한 의복을 넘어 어떤 상징성을 갖는지 정리해 보세요.

_____

_____

2. 글에서 소개된 전통 혼례복의 구성(예: 활옷, 녹원삼, 단령 등)과 그에 담긴 상징적 의미를 정리해 보세요.

_____

_____

3. 한국의 전통 혼례복과 다른 나라의 전통 혼례 의상(예: 일본 기모노, 인도 사리 등)을 비교해 보고, 공통점과 차이점을 설명해 보세요.

_____

_____

4. 오늘날에도 전통 혼례복을 유지하거나 재해석할 필요가 있다고 생각하나요? 이에 대한 자기 생각을 토론 주제로 정리해 보세요.

_____

_____

5. AI를 활용해 다양한 나라의 전통 혼례 의상을 조사해 보고 싶다면 어떤 명령어를 입력하면 좋을까요? 명령어와 그 결과를 작성해 보세요.

_____

_____

정성과 기다림이 빚어낸 장(醬)

한국 음식의 깊은 맛을 말할 때, 가장 먼저 떠오르는 것은 된장, 간장, 고추장 같은 '장(醬)'이다.

장(醬)은 단순한 양념이 아니라, 한국인의 식생활과 정신문화가 녹아 있는 전통 발효 식품이자 문화 그 자체다. 장 담그기 문화는 그저 음식을 만드는 기술이 아니라, 시간과 자연, 가족과 세대가 함께 만드는 느림의 예술이다. 즉, 시간이 빚어낸 맛이다.

한국의 장은 대부분 콩을 발효시켜 만드는 메주에서 시작된다.

장 담그기의 첫 단계는 가을이나 겨울에 메주를 만들고 말리는 것에서부터 시작된다. 이후 이듬해 정월(음력 1월) 무렵에, 장독대에 메주를 넣고 소금물에 담가 발효시키는데, 이 과정을 '장 담그기' 또는 '장 가르기'라고 부른다. 몇 달, 혹은 길게는 1년 이상 발효를 거쳐야

제대로 된 장이 완성된다. 이 장은 된장과 간장, 고추장으로 나뉘어 다양한 한국 음식을 이루는 기본이 된다. 이 전통은 단지 음식 저장의 지혜에 머무르지 않는다.

장 담그기는 오랜 세월 동안 여성 중심의 가내 문화로 이어졌으며, 집안의 '장맛'은 그 집의 정체성과도 같았다.

"장맛이 좋다."는 말은 단순히 음식이 맛있다는 의미를 넘어, 정성과 세월, 가정의 품격이 배어 있는 문화적 표현이었다. 또한 장은 한겨울 추위를 견디고, 봄과 여름의 더위를 지나면서 스스로 발효되고 성숙해지는 자연의 시간 속에서 만들어진다. 그만큼 장은 인내와 기다림, 자연과의 조화를 상징한다.

장 담그기 문화는 공동체적 성격도 강했다.

과거에는 이웃끼리 메주를 함께 만들고, 정보를 나누며 함께 장을 담그는 일이 하나의 행사처럼 여겨졌다. 이 과정은 여성들 간의 네트워크와 공동체 유대감을 다지는 계기가 되었으며, 장독대 앞에서 나눈 대화 속에는 생활의 지혜와 감정이 오갔다.

오늘날 장 담그기 문화는 점차 줄어들고 있지만, 여전히 그 가치는 재조명되고 있다. 전통 음식과 발효 식품이 건강에 좋다는 인식이 퍼지면서, 전통 장에 관한 관심이 늘고 있으며, 장 담그기 체험 행사와 궁중음식 연구소, 지역의 장 문화 축제 등도 활발히 진행되고 있다.

이러한 노력은 장 문화를 단순한 옛날 방식이 아니라, 지속 가능한 식문화, 정서적 자산으로 되살리고자 하는 움직임이다.

한국의 장은 단순히 오래된 발효식품이 아니다.

그 속에는 한국인의 삶의 방식, 자연을 대하는 태도, 사람 사이의 관계, 그리고 세대를 잇는 기억과 맛이 함께 담겨 있다. 장독대 위에서 조용히 익어가는 그 맛은, 말보다 깊고 오래 남는 한국인의 정서를 그대로 품고 있다.

+α 정리해 볼까요?

1. 이 글에서 설명하는 '장 담그기'는 단순한 조리 과정이 아니라 어떤 문화적 의미가 있나요? 핵심 내용을 정리해 보세요.

2. 오늘날 음식 소스가 다양한데, 특별히 건강에 좋은 소스를 소개해 보세요.

3. 한국의 장 담그기 문화와 비슷한 발효 식문화를 가진 다른 나라의 예를 들어 비교해 보세요. 어떤 공통점과 차이점이 있나요?

4. 장 담그기 문화가 오늘날에도 이어져야 할 이유에 대해 자기의 생각을 정리하거나, 이를 토론 주제로 만들어 보세요.

5. AI를 활용해 발효 문화에 대해 더 알아보고 싶다면 어떤 명령어를 입력하면 좋을까요? 명령어와 그 결과를 작성해 보세요.

조개로 빚어낸 빛의 예술 나전칠기

한국의 전통 공예인 나전칠기(螺鈿漆器)는 나무 표면에 잘게 쪼갠 조개껍질을 붙여 무늬를 만들고, 그 위에 옻칠을 입혀 마감하는 고유의 장식 기법이다. '나전(螺鈿)'은 조개를 뜻하는 '나(螺)'와, 껍질을 박아 장식한다는 '전(鈿)'이 합쳐진 말로, 말 그대로 '조개껍질을 박아 넣은 장식'을 의미한다. 여기에 옻칠이 더해지며 '나전칠기'가 완성된다. 이는 단순한 공예품을 넘어, 섬세한 손길과 깊은 미의식이 깃든 예술이며, 한국인의 미적 정체성과 정신을 대표하는 귀중한 문화유산이다.

나전칠기의 역사는 유구하다. 통일신라 시대부터 그 흔적을 찾을 수 있으며, 특히 고려시대에는 기술적·예술적으로 큰 발전을 이루었다. 이 시기에는 얇고 은은하게 빛나는 자개 사용이 일반화되었고,

'복채법'이라 불리는 고난도 기법도 등장했다. 복채법은 바다거북 등 껍질 안쪽에 그림을 그려 장식하는 독특한 방식으로, 나전칠기의 예술적 가치를 한층 높였다. 조선시대에도 나전칠기는 귀족과 왕실의 고급 공예품으로 계승되며 장식성과 기법 면에서 더욱 다양화되었다.

제작 과정 또한 매우 정교하고 복잡하다. 나전칠기를 만들기 위해서는 나무나 옻칠이 된 바탕에 틀을 세우고, 자개 조각을 하나하나 정성스럽게 배치해야 한다. 그 위에 옻칠을 여러 차례 덧바르고, 말리고, 갈고, 문지르는 작업을 반복한다. 이 모든 과정은 수십 차례에 이르며, 장인의 인내와 세심한 감각 없이는 완성할 수 없다. 결과적으로 한 점의 나전칠기에는 오랜 시간과 집중, 장인의 손끝에서 피어난 전통의 아름다움이 고스란히 담긴다.

오늘날 나전칠기는 단순한 과거의 유산이 아닌, 현대적으로 재해석되는 살아 있는 예술로 자리매김하고 있다. 젊은 공예가들은 전통적인 제작 방식은 유지하되, 현대적 디자인과 소재를 융합해 나전칠기의 활용 영역을 넓히고 있다. 고급 가구와 장식품뿐 아니라, 패션 소품, 생활용품, 기념품 등 다양한 분야에서 그 가치를 새롭게 조명하고 있다. 이는 나전칠기가 예술적 가치와 함께 산업적 가능성까지 지닌 문화 자산임을 보여준다.

나전칠기는 눈에 보이는 화려함 속에 역사와 정성, 인내가 응축된 예술이다. 그 안에는 오랜 시간 동안 이어져 온 전통과, 그것을 지켜온 장인정신, 그리고 조개껍질이 만들어 내는 빛과 그림자의 조화가 함께 살아 숨 쉰다. 움직이지 않아도 많은 이야기를 품고 있는 나전칠기는 과거와 현재, 예술과 일상, 손과 마음을 잇는 다리와 같은 존재다.

우리는 이제 나전칠기를 단순히 '옛것'으로 여길 것이 아니라, 시대를 넘어 계승하고 발전시켜야 할 살아 있는 문화로 인식해야 한다. 장인의 손끝에서 태어난 이 빛의 예술이, 오늘날 우리의 삶 속에서도 다시 빛날 수 있도록 지속적인 관심과 노력이 필요하다.

🏛 +α **정리해 볼까요?**

1. 나전칠기는 단순한 장식품이 아니라 어떤 문화적·예술적 가치를 지닌 공예인가요? 글의 핵심 내용을 정리해 보세요.

2. 나전칠기의 제작 과정은 어떤 단계를 거치며, 이 과정에서 장인의 어떤 태도와 기술이 필요한가요?

3. 나전칠기와 비슷한 전통 공예나 장식 문화를 가진 다른 나라의 예를 들어 비교해 보세요. 공통점과 차이점은 무엇인가요?

4. 오늘날 나전칠기를 현대적으로 활용하거나 계승하는 방법에는 어떤 것들이 있을까요? 여러분이 제안하는 아이디어도 함께 써보세요.

5. AI를 활용해 '전통 공예의 현대화 사례'나 '나전칠기와 유사한 세계 공예'를 조사하고 싶다면 어떤 명령어를 입력하면 좋을까요? 명령어와 그 결과를 작성해 보세요.

자연과 조화를 이루는 오방색의 철학

한국의 전통문화에는 단순한 장식적 아름다움을 넘어서, 자연과 우주의 질서, 그리고 삶의 조화를 표현하는 색채 체계가 있다. 그것이 바로 오방색(伍方色)이다.

'오방색'은 말 그대로 '다섯 방향의 색'이라는 뜻으로, 동(靑), 서(白), 남(赤), 북(黑), 가운데(黃)에 각각 대응하는 색을 의미한다. 그러나 이 색들은 단순한 시각적 구분이 아닌, 동양의 음양오행 사상에 바탕을 둔 철학적이고 상징적인 색채 체계이다. 오방색은 자연과 인간, 우주와 삶의 조화를 이루고자 했던 옛사람들의 가치관과 세계관을 고스란히 담고 있다.

각 색은 방향뿐 아니라 자연의 요소, 계절, 감정, 신체 기관, 음식의 맛 등과도 연결되어 있다. 청색(동쪽)은 봄, 나무, 생명과 시작을 상징하며, 백색(서쪽)은 가을, 금속, 순수와 결정을 의미한다. 적색(남쪽)은 여름, 불, 생명력과 기쁨을 나타내고, 흑색(북쪽)은 겨울, 물, 고요함과 지혜를 상징한다. 황색(가운데)은 흙, 중심, 안정과 조화를 대표한다. 이처럼 오방색은 단지 다섯 가지 색을 의미하는 것이 아니라, 자연과 삶의 이치를 시각적으로 표현한 철학적 언어라 할 수 있다. 오방색의 이러한 상징 체계는 한국인의 일상 전반에 널리 스며들어 있다.

전통 의복에서는 조선시대 궁중 복식에 오방색이 뚜렷이 반영되었다. 왕은 중앙을 상징하는 황색을 입었고, 신하들은 청·적·백·흑 등의 색으로 지위와 역할을 나타냈다. 혼례복, 돌복, 한복 등의 색 구성도 오방색에 기초하여 자연의 순리와 조화로운 삶을 상징하도록 설계되었다.

건축에서도 오방색은 중요한 역할을 한다. 궁궐이나 사찰에 사용되는 단청의 색들은 오방색을 기반으로 하여, 건물에 담긴 기운을 조화롭게 하고, 길흉을 가리며 공간의 균형을 이루려는 의도를 지닌다.

음식 문화 역시 오방색의 철학을 반영한다. 대표적인 예로 비빔밥에는 다섯 가지 색의 재료를 조화롭게 넣어 영양의 균형은 물론, 음양오행의 조화를 이룬다는 전통적 식문화가 담겨 있다.

오늘날에도 오방색은 전통의 유산에 머무르지 않고, 현대 디자인, 패션, 브랜드 아이덴티티, 문화 행사 등에서 새롭게 재해석되고 있다. 전통과 현대가 만나는 지점에서 오방색은 여전히 활용할 수 있는 상징체계로, 한국인의 정체성과 미적 감각을 이어주는 중요한 요소가 되고 있다.

오방색은 단순히 눈에 보이는 '색'이 아니라, 자연과 인간, 감정과 공간, 삶과 죽음을 아우르는 깊은 철학적 상징이다. 그것은 옛사람들의 지혜이며, 오늘을 살아가는 우리에게도 조화로운 삶의 방향을 제시하는 메시지다.

　삶이 어느 방향으로 흘러가든, 다섯 가지 색의 균형 속에 중심을 잡을 때, 우리는 비로소 조화로운 삶에 다가설 수 있다. 이것이 바로 오방색이 수백 년이 지나도 여전히 한국 문화 속에서 빛나고 있는 이유이다.

+α 정리해 볼까요?

1. 오방색은 단순한 색 구성이 아니라 어떤 철학적 의미와 세계관을 담고 있나요? 글의 내용을 바탕으로 설명해 보세요.

   ....
   ....

2. 오방색 각각(청, 백, 적, 흑, 황)이 상징하는 자연 요소와 감정, 계절 등을 정리해 보세요.

   ....
   ....

3. 오방색이 반영된 전통문화(의복, 건축, 음식 등) 중 한 가지를 선택하여, 그 속에 담긴 상징적 의미를 설명해 보세요.

   ....
   ....

4. 오방색이 현대 디자인이나 패션에서 활용될 수 있는 예를 들어보세요. 또, 여러분만의 새로운 활용 아이디어가 있다면 제안해 보세요.

   ....
   ....

5. AI를 활용해 오방색과 유사한 철학적 색채 체계를 가진 다른 나라 문화를 조사하고 싶다면 어떤 명령어를 입력하면 좋을까요? 명령어와 그 결과를 작성해 보세요.

   ....
   ....

11. 한국의 명절 1~6월
12. 한국의 명절 7~12월
13. 전통놀이의 교육적 의미
14. 함께 웃고 움직이며 배우는 문화
15. 시간과 정성이 빚은 떡
16. 한국의 반찬 문화
17. 술 다음 날의 회복 의식
18. 전통의 맛을 마시다

2부.

시간을 따라 이어진 민속문화

한국의 명절 1~6월

　　　　　　한 해를 살아가는 한국인의 일상에는 자연의 흐름을 따라 자리한 전통 명절들이 존재한다. 이 명절들은 단지 쉬는 날이 아닌, 자연과 조화를 이루며 조상과 공동체, 가족을 기억하는 의례적 순간들이다. 특히 1월부터 6월까지의 명절들은 한 해의 시작과 농경 사회의 리듬, 계절의 변화에 맞춰 구성된 생활 속 지혜와 문화의 집약체라고 할 수 있다.

　가장 먼저 맞이하는 명절은 설날이다. 음력 1월 1일에 지내는 설날은 가족이 한자리에 모여 새해 인사를 나누고 조상께 차례를 지내는 가장 큰 명절이다. 어른들께는 세배드리고, 아이들은 세뱃돈을 받는다. 이날 먹는 떡국은 '한 살을 더 먹는다'라는 의미를 담고 있으며, 윷놀이나 연날리기 같은 민속놀이로 가족 간 유대도 다지는 시간이다. 설날은 단순한 시작이 아닌, 가족과 전통이 만나는 출발점이다.

음력 1월 15일에는 정월대보름이 찾아온다. 이날은 둥근 보름달을 보며 한 해의 건강과 풍요를 기원한다. 부럼을 깨고 귀밝이술을 마시는 풍습은 건강과 행운을 바라는 실용적인 의미가 담겨 있다. 또한 마을 단위의 공동체 놀이인 쥐불놀이, 줄다리기, 달집태우기는 농경사회에서의 단합과 소망을 드러내는 전통이기도 하다.

봄의 기운이 완연해지는 음력 3월 3일에는 삼짇날이 있다. 이날은 특히 여성과 자연을 상징하는 날로, 진달래꽃을 넣은 화전이나 진달래주를 즐기며 봄을 맞이한다. 강가에서 머리를 감고 액운을 씻는 정화 의례도 있었으며, 이는 계절의 변화와 함께 몸과 마음을 정갈히 하는 전통을 보여준다.

양력 4월 초에는 한식이 있다. 이날은 불을 사용하지 않고 찬 음식을 먹는 날로, 조상의 묘를 돌보며 성묘와 차례를 지낸다. 조용하고 경건한 분위기 속에서 조상의 은혜를 되새기고 가족 간의 유대를 다시 확인하는 시간이다.

음력 5월 5일은 단오이다. 단오는 양기가 가장 강한 날로 여겨지며, 창포물에 머리를 감고, 수리취떡을 먹으며 더운 여름을 대비한다. 씨름, 그네뛰기 등 신체적 활동이 많은 이 명절은 정신적 정화와 육체적 활력을 함께 추구하는 전통적인 건강의 날이었다. 조선시대에는 궁중에서도 단오를 성대히 기념했으며, 여성들에게 특별한 날로 여겨지기도 했다.

양력 6월 6일은 현충일이다. 비록 전통 명절은 아니지만, 오늘날 한국에서 매우 중요한 추모의 날로, 나라를 위해 희생한 이들을 기리는 날이다. 이날 전국적으로 태극기를 게양하고, 국립현충원에서는 공식 추모 행사가 열린다. 이는 과거로부터 이어진 공동체의 기억과 책임을 되새기는 현대의 의례 문화라 할 수 있다.

이처럼 1월부터 6월까지의 명절들은 자연의 흐름, 가족과 공동체의 관계, 인간의 정서와 희망이 유기적으로 어우러져 있다. 명절은 과거의 의식이자 오늘의 문화이며, 우리의 삶을 더 깊이 있게 만드는 시간이다.

한국의 명절은 시대가 변해도 사라지지 않는 정서적 뿌리이자 문화적 지향점이다. 명절을 통해 우리는 자연과 함께 살아가는 법을 배우고, 조상을 기억하며, 가족과 마음을 나눈다. 설날의 떡국 한 그릇에서, 단오의 그네뛰기 한 장면에서 우리는 한국인의 삶과 감성, 전통의 철학을 만날 수 있다. 명절은 단순한 날이 아니다. 그것은 한 해를 살아갈 지혜와 기쁨, 그리고 공동체의 숨결이 담긴 소중한 시간이다.

🏛 +α 정리해 볼까요?

1. 설날, 정월대보름, 삼짇날, 단오 등의 명절은 각각 어떤 의미가 있으며, 어떤 풍습들이 있는지 정리해 보세요.

2. 이 글에서는 한국의 명절이 '단순한 쉬는 날'이 아닌 '문화와 철학이 담긴 시간'이라고 했습니다. 이 표현의 의미를 설명해 보세요.

3. 이 글의 명절 중 하나를 골라, 그것이 오늘날에도 의미 있게 이어질 수 있는 이유를 문화적 혹은 정서적 관점에서 써보세요.

4. 다른 나라에도 계절에 따라 조상이나 자연을 기리는 명절이 있을까요? 한국의 명절과 비교해 보며 공통점이나 차이점을 찾아보세요.

5. AI를 활용해 '세계의 봄철 명절'이나 '전통 명절 속 음식과 놀이'를 조사하고 싶다면 어떤 명령어를 입력하면 좋을까요? 명령어와 그 결과를 작성해 보세요.

한국의 명절 7~12월

계절이 깊어지고 햇살이 무르익어 갈수록, 사람들의 마음은 조금씩 안으로 향한다. 바쁘게 흘러온 시간 속에서 멈춰 서게 만드는 특별한 날들이 있다. 바로 한국의 전통 명절이다. 1월부터 6월까지의 명절이 시작과 성장, 공동체의 결속을 의미했다면, 7월부터 12월까지의 명절은 결실과 감사, 정서적 마무리가 담긴 시기다. 이 명절들은 자연과 사람, 기억과 감사를 잇는 삶의 철학을 품고 있다.

무더운 여름, 유둣날(음력 6월 15일)은 물과 정화의 의미를 담은 명절이다. 계곡물이나 시냇물에 몸을 씻고 머리를 감으며 더위와 나쁜 기운을 씻어내고자 했던 풍습은, 단순한 여름 나기의 지혜를 넘어 몸과 마음의 정결함을 되찾는 시간이었다. 수박, 참외, 찰밥 등 자연에서 얻은 음식들을 차려놓고 건강과 안녕을 기원하던 모습 속에는 자연에 대한 존중과 감사가 깃들어 있다.

칠석(음력 7월 7일)은 견우와 직녀의 전설로 널리 알려진 날이다. 하지만 이날은 단순히 로맨틱한 이야기를 넘어서, 과거에는 여성들이 실을 꿰며 바느질 솜씨를 빌고 가정의 평안을 기원하는 날로 여겨졌다. 소망과 정성, 그리고 가족을 위한 마음이 실 한 올에 담겨 있었다.

가을의 중심에는 한국 최대의 명절, 추석(음력 8월 15일)이 자리한다. 한 해의 수확을 조상에게 감사드리며 송편을 빚고, 온 가족이 함께 모여 정을 나누는 이날은 단순한 휴일이 아니라 자연과 조상, 공동체가 하나 되는 날이다. 풍성한 음식과 함께 전통놀이, 보름달 소원 빌기 등은 정서적 풍요로움을 더해준다.

가을이 깊어질 무렵, 중양절(음력 9월 9일)이 찾아온다. 양수가 겹치는 이날은 장수를 기원하고 국화를 감상하며 건강과 평안을 비는 날이다. 산에 올라 단풍을 즐기고 국화주를 마시는 풍습은 자연과 함께 늙어가는 삶의 여유와 사색의 기쁨을 상징한다.

겨울의 문턱에서는 동지(양력 12월 21~23일경)가 있다. 밤이 가장 길고 낮이 가장 짧은 이날, 붉은 팥죽을 끓여 액운을 막고 복을 불러들이던 풍습은 마치 새해의 예고편과도 같다. 조선시대에는 동지를 '작은 설'로 부르기도 했으며, 이때부터 새해 달력을 준비하는 배도 있었다. 동지는 시간의 경계이자 정신적 전환점이다.

한 해의 끝, 섣달그믐(음력 12월 말일)은 조용한 마무리의 시간이다. 집 안을 깨끗이 청소하고, 가족끼리 모여 다가오는 새해를 준비하는 이날은 단순한 연말이 아니라, 삶을 되돌아보고 새로운 시작을 다짐하는 문화적 의례다. 불을 끄고 묵은 기운을 씻어내며 새해를 맞이하는 마음에는 소박하지만, 깊은 정서가 깃들어 있다.

이처럼 7월부터 12월까지의 명절은 자연의 흐름과 함께 살아온 사람들의 기억과 감사, 그리고 정서적 회복의 시간이자 삶을 가다듬는 통로다. 오늘날 명절의 모습은 변화했지만, 그 속에 담긴 공동체의 온기와 전통의 가치는 여전히 유효하다.

우리가 명절을 지키고 기억하는 이유는 단지 전통을 보존하기 위해서가 아니다. 그것은 우리의 삶을 되돌아보고, 가족과의 관계를 다시금 느끼며, 더 나은 내일로 나아가기 위한 마음의 준비다. 한국의 명절은 오늘날에도 여전히 계절과 정서, 기억과 미래를 잇는 살아 있는 문화이다. 그리고 그 문화는, 지금, 이 순간에도 우리 곁에서 조용히, 그러나 깊이 숨 쉬고 있다.

🏛 +α 정리해 볼까요?

1. 이 글에 등장한 유듯날, 칠석, 추석, 중양절, 동지, 섣달그믐 각각의 의미와 대표 풍습을 정리해 보세요.

2. 이 글에서는 하반기 명절들을 '결실과 감사, 기억과 마무리의 전통'이라고 표현했습니다. 이 표현의 뜻을 자신의 말로 설명해 보세요.

3. 오늘날 우리가 명절을 어떻게 보내는지와 전통 속 명절 풍습을 비교해 보고, 가장 크게 달라진 점은 무엇이라고 생각하나요?

4. '명절을 지킨다는 것'은 우리 삶에 어떤 의미가 있을까요? 현대사회에서 명절의 가치를 이어가려는 방법을 제안해 보세요.

5. AI를 활용해 '세계의 가을·겨울 명절'이나 '명절 속 음식과 의례'에 대해 조사하고 싶다면 어떤 명령어나 질문을 입력하면 좋을까요? 명령어와 그 결과를 작성해 보세요.

13. 전통놀이의 교육적 의미

한국의 전통놀이는 단순한 시간 보내기나 오락을 넘어, 교육적·정서적·사회문화적 가치를 고스란히 담고 있는 '생활 속 학습'의 장이었다. 놀이를 통해 어린이와 어른은 몸을 단련하고 마음을 다스렸으며, 세대 간의 소통과 공동체의 유대, 민속 신앙까지 자연스럽게 익히고 계승했다. 이러한 전통놀이는 책상 앞의 학습보다 더 오래 기억되고, 몸에 새겨지는 교육의 방식이었다.

가장 대표적인 예 중 하나는 윷놀이다. 네 개의 윷가락을 던져 말판 위에 말을 놓고 이동시키는 이 놀이는 단순히 운에만 맡기지 않는다. 윷과 모의 확률, 도·개·걸·윷·모의 전략적 활용, 상대편의 말을 잡고 길을 선택하는 과정에서 수학적 사고와 전략적 판단력이 길러진다. 또한 팀을 나누어 함께 진행되는 게임 구조 속에서 협동심과 책임감이 자연스럽게 배양된다. 집안 어른들과 아이들이 함께 어울려 치르던 설날의 윷놀이는 단지 재미있는 놀이가 아닌, 세대 간 소통과 가족 공동체의 결속을 다지는 문화적 행위이기도 했다.

또한 제기차기, 팽이치기, 굴렁쇠 돌리기 등은 어린이들의 신체 능력 발달에 큰 도움을 준 놀이다. 특히 제기차기는 균형감각, 하체 근력, 집중력을 향상하며, 신체를 섬세하게 조절하는 능력을 키운다. 오늘날 체육 교육이 추구하는 기능성 운동의 요소가 이미 전통놀이 속에 담겨 있었다.

널뛰기와 줄다리기, 고누놀이, 비석 치기 등은 개인 놀이와 집단 놀이, 남녀노소가 참여할 수 있는 다양한 형식으로 구성되어 있어 참여의 폭이 넓고, 공동체적 감각을 자연스럽게 익히게 했다. 특히 줄다리기는 단순한 힘겨루기가 아닌 농사의 풍년을 기원하고 마을의 단합을 도모하는 의례적 놀이로, 민속 신앙과 깊은 관련이 있었다. 줄을 당기는 과정에서 마을 사람들은 한 방향으로 힘을 모으며 하나의 목표를 향해 나아가는 경험을 공유했고, 이 과정은 지역 공동체의 정체성과 연대감을 공고히 하는 상징적인 행위였다.

이러한 전통놀이는 놀이를 통해 규칙을 배우고, 질서와 배려를 체험하며, 경쟁 속에서도 화합하는 방법을 익히게 만든다. 어른들은 놀이를 통해 아이들에게 말로 가르치기 힘든 인간관계의 감정, 책임, 인내, 승패에 대한 태도 등을 자연스럽게 전했다. 놀이는 '가르치기'보다 '함께하기'를 통해 더 깊이 배움을 남겼다.

현대사회에서 전통놀이는 점차 사라지고 있지만, 그 안에 담긴 교육적 의미는 여전히 유효하다. 최근에는 학교 교육이나 체험학습 프로그램을 통해 전통놀이를 창의 융합 교육, 공동체 교육, 정서 발달 교육의 수단으로 재조명하려는 시도도 이루어지고 있다. 놀이를 통해 아이들은 책으로 배우기 어려운 감정조절, 협력, 전통문화 이해의 기회를 얻고, 어른들은 과거의 기억과 문화적 정체성을 회복하는 경험을 할 수 있다.

결국 한국의 전통놀이는 놀이를 통해 몸과 마음을 기르고, 관계를 배우고, 문화를 전승하던 지혜로운 교육의 방식이었다. 오늘날에도 그 놀이는 우리가 잊지 말아야 할 소중한 문화 자산이며, 아이들과 어른이 함께 배우는 삶의 놀이터다.

+α 정리해 볼까요?

1. 한국의 전통놀이가 단순한 유희를 넘어 교육적으로 가지는 의미는 무엇인가요?

2. 전통놀이를 통해 어린이들이 자연스럽게 익힐 수 있는 공동체적 가치에는 어떤 것이 있나요?

3. 줄다리기 같은 집단 놀이가 마을 공동체나 의례와 어떤 방식으로 연결되어 있었는지 설명해 보세요.

4. 오늘날의 교육 환경에서 전통놀이가 어떤 방식으로 활용될 수 있을까요?

5. 현대의 디지털 게임과 전통놀이를 비교해 보며, 각각의 장점과 단점을 말해보세요.

14.
함께 웃고 움직이며 배우는 문화

"한국 사람들은 함께하는 걸 참 좋아해요."
외국인들이 한국에서 살아보거나 여행하며 종종 하는 말이다. 이 말은 단순한 인상평이 아니라, 한국인의 문화적 정서를 잘 짚어낸 표현이다. 그리고 그 중심에는 오랜 역사와 공동체적 삶 속에서 자연스럽게 형성된 전통놀이문화가 있다.

한국의 전통놀이는 단순한 오락 활동이 아니다. 농경 사회였던 한국에서는 계절과 농사 주기에 맞춰 사람들이 함께 일하고, 또 함께 놀며 유대감을 키워왔다. 씨름, 윷놀이, 널뛰기, 실뜨기, 쥐불놀이 등 다양한 놀이는 자연과 조화를 이루며 사람과 사람 사이를 잇는 매개였다. 이 놀이는 신체적 활동을 넘어, 협동과 배려, 공동체 의식을 배우는 장이 되어주었다.

설날이면 빠지지 않는 윷놀이는 대표적인 가족 놀이다. 나무 윷가락을 던지고 말판에서 말을 움직이는 이 놀이는 단순한 게임을 넘어서, 가족 간 소통과 세대 간 연결의 도구가 된다. 명절마다 마당에서 펼쳐지던 씨름은 마을 전체가 함께 즐기던 공동체의 축제였고, 실뜨기나 투호처럼 손쉽게 할 수 있는 놀이는 가정 안에서 세대 간 놀이 문화의 전승을 가능하게 했다.

전통놀이는 또한 자연과의 조화를 중요하게 여겼다. 쥐불놀이는 정월대보름에 들판에서 불을 돌리며 놀았던 전통인데, 이는 해충을 없애고 농지를 비옥하게 하려는 농업적 지혜가 담긴 의례였다. 놀이에 쓰이는 도구들 역시 자연에서 얻은 나무, 실, 돌, 흙 등으로 만들어졌고, 환경을 해치지 않는 친환경적인 놀이문화를 보여준다.

그러나 안타깝게도 오늘날 전통놀이는 점차 자취를 감추고 있다. 디지털 기기의 확산과 경쟁 중심의 생활 문화 속에서 몸을 움직이며 함께 놀던 시간은 점점 줄어들고 있다. 하지만 최근에는 학교, 박물관, 지역 축제 등을 통해 전통놀이를 체험할 기회가 다시 늘고 있으며, 놀이의 문화적 가치도 점차 재조명되고 있다.

놀이를 통해 한국인의 정서와 공동체 정신을 자연스럽게 배우는 일은 외국인에게도 추천할 만한 경험이다. 규칙을 배우고 함께 웃으며 몸을 움직이다 보면, 말보다 더 강하게 문화를 이해하게 된다. 전통놀이는 사람과 사람을 잇고, 세대와 문화를 잇는 살아 있는 교육이자 감성의 연결고리다.

🏛 +α 정리해 볼까요?

1. 한국의 전통놀이에는 어떤 종류가 있으며, 각 놀이에 담긴 문화적 의미는 무엇인가요? 두 가지 이상 정리해 보세요.

───────────────────────────────

2. 전통놀이는 단순한 오락이 아니라 공동체 정신을 배우는 시간이라고 했습니다. 글의 내용을 바탕으로 그 이유를 설명해 보세요.

───────────────────────────────

3. 글에서 말하는 전통놀이의 자연 친화적 요소는 무엇인가요? 놀이 도구나 놀이 방식에서 어떻게 드러나는지 예를 들어보세요.

───────────────────────────────

4. 오늘날 전통놀이가 점점 사라지고 있는 이유는 무엇이며, 이를 되살리기 위한 방법에는 어떤 것들이 있을까요?

───────────────────────────────

5. AI를 활용해 세계 각국의 전통놀이를 조사해 보고 싶다면 어떤 명령어를 입력하면 좋을까요? 명령어와 그 결과를 작성해 보세요.

───────────────────────────────

15.
시간과 정성이 빚은 떡

한국인의 밥상에서 빼놓을 수 없는 음식 중 하나는 바로 '떡'이다.

떡은 단순한 간식이나 별미가 아니라, 절기와 일상, 기원과 축하의 순간을 함께해 온 전통의 상징이자 문화의 결실이다.

한국의 전통 떡은 찰기 있는 쌀이나 찹쌀을 쪄서 만드는 음식으로, 그 기원은 삼국시대 이전으로까지 거슬러 올라간다. 당시의 유적에서는 떡을 찌는 기구인 시루가 발견되었으며, 고려시대에는 불교의 유행과 함께 제사와 행사에 떡이 널리 사용되었다. 조선시대에는 농업과 조리 기술이 발달하면서 떡의 종류와 만드는 방법도 더욱 다양해졌다.

떡은 언제나 의미 있는 날에 함께하는 음식이었다.

설날에는 가래떡을 썰어 끓인 떡국을 먹으며, 한 해의 무사함과 장수를 기원했다. 하얀 떡국은 나쁜 기억을 씻고 새롭게 시작하자는 상징이기도 하다. 추석에는 송편을 빚는다. 지역마다 오색 송편, 감자송편, 호박 송편, 모시송편 등 다양한 형태의 송편이 전해져 내려오고 있으며, 가족들이 모여 송편을 빚는 모습은 명절 풍경의 전형이라 할 수 있다.

떡은 또한 성장과 축복의 순간에 빠지지 않는다.

아기가 태어난 지 100일이 되는 날에는 백일 떡을 나누며 아이의 건강과 무병장수를 기원했고, 생일이나 돌잔치, 입학과 같은 경사에는 시루떡이나 절편, 인절미를 만들어 이웃과 함께 나누었다.

이렇듯 떡은 나눔과 소망을 함께 담은 음식이었다.

현대에 와서도 떡은 여전히 우리 곁에 있다. 전통적인 떡 외에도 딸기 떡, 아이스 인절미, 떡 케이크, 로제 떡볶이 등 새롭게 변형된 떡들이 등장하면서 젊은 세대의 입맛과 감각을 반영한 퓨전 떡 문화로 자리 잡고 있다.

또한, 한국을 대표하는 길거리 음식인 떡볶이도 떡을 활용한 현대식 음식으로, 1953년 마복림 할머니에 의해 본격적으로 탄생한 이후 지금까지 꾸준히 사랑받고 있다.

떡은 단순한 음식이 아니다.

조상들의 지혜와 자연을 아끼는 마음, 가족 간의 정과 공동체의 유대, 축복과 희망의 메시지가 담겨 있는 문화의 결정체이다.

한국인은 떡을 통해 마음을 표현했고, 삶을 공유했으며, 기쁨과 슬픔을 함께 나눴다. 지금, 이 순간에도 많은 한국 가정에서는 특별한 날을 위해 떡을 빚는다. 이러한 전통은 변형되고 진화하고 있지만, 떡이 가진 본질적인 의미는 정성과 기다림, 그리고 나눔은 여전히 이어지고 있다.

그래서 한국의 떡은 단지 입으로 먹는 음식이 아니라, 마음으로 전해지는 문화이다.

+α 정리해 볼까요?

1. 이 글에서 설명하는 떡의 역사적 기원과 발전 과정을 정리해 보세요. 삼국시대부터 현대까지 떡이 어떻게 변화해 왔나요?

2. 떡은 단순한 음식이 아니라 '의미 있는 날'에 함께하는 문화적 상징이라고 했습니다. 설날, 추석, 돌잔치 등에서 떡이 어떤 의미로 사용되는지 예를 들어보세요.

3. 떡이 가진 '나눔'과 '정성'이라는 가치는 오늘날에도 유효할까요? 자기의 생각을 이유와 함께 써보세요.

4. 전통 떡과 현대 떡(퓨전 떡, 떡볶이 등)의 공통점과 차이점을 비교해 보세요. 각각의 장점은 무엇이라고 생각하나요?

5. AI를 활용해 세계 여러 나라의 전통 떡이나 유사한 음식 문화를 조사해 보고 싶다면 어떤 명령어를 입력하면 좋을까요? 명령어와 그 결과를 작성해 보세요.

한국의 반찬 문화

 한국 식탁을 처음 마주한 외국인들이 먼저 놀라는 것 중 하나는 바로 '반찬'의 수와 다양성이다. 밥과 국이 기본이 되는 한 상에, 크고 작은 그릇에 담긴 다양한 색깔과 맛의 반찬들이 함께 놓인다. 어떤 반찬은 짭조름하고, 어떤 것은 새콤하며, 또 어떤 것은 담백하거나 얼큰하다. 각각의 반찬은 주인공이 되기보다는, 조연으로서 식사의 균형을 이루며 조화롭고 풍성한 맛의 경험을 만들어 낸다.
 한국의 반찬 문화는 단순한 '부식' 개념을 넘어서, 식사를 대하는 태도와 생활 철학이 담긴 결과물이다. 한국에서는 한 끼 식사가 단일한 요리로 구성되지 않는다. 주식(主食)인 밥과 함께, 여러 가지 반찬들이 나란히 놓이고, 식사하는 사람은 이를 자유롭게 조합하여 먹는다. 이는 자연스럽게 '균형 잡힌 영양'과 '다양한 맛의 조화'를 가능하게 하며, 한 가지 맛에 치우치지 않는 미각의 균형감을 길러준다.

반찬의 기원은 궁중과 서민 모두의 삶 속에 깊이 뿌리내려 있다. 궁중에서는 화려한 상차림과 계절감을 살린 다양한 반찬이 정교하게 준비되었고, 서민 가정에서는 계절에 맞는 채소와 발효 음식을 중심으로 소박하면서도 영양을 고려한 반찬이 만들어졌다. 김치, 나물, 젓갈, 조림, 전, 무침 등 반찬의 종류는 그 수를 헤아리기 어려울 만큼 다양하며, 각각은 계절과 지역, 집안의 전통에 따라 다른 풍미와 기억을 담고 있다.

반찬 문화는 또한 공동체적 식사 문화를 반영한다. 한국 식사는 보통 여러 사람이 한 상에 둘러앉아 반찬을 함께 나누는 형식을 취한다. 각자 접시에 담아 먹는 서구식 식사 방식과 달리, 함께 먹는 반찬은 나눔과 배려의 문화를 전제로 한다. 누군가를 위해 반찬을 집어주는 '밥상 위의 정(情)'은 한국인이 음식을 통해 감정을 표현하는 독특한 방식이기도 하다.

더불어 반찬은 저장과 발효의 기술과도 밀접하게 연관되어 있다. 계절에 따라 식재료가 풍부하지 않았던 시절, 한국인은 다양한 저장식과 발효식을 통해 음식을 오래 두고 먹을 방법을 발전시켰다. 김치와 장아찌, 젓갈 같은 저장 반찬은 단순히 오래 두고 먹기 위한 음식이 아니라, 한국인의 삶 속 지혜와 자연을 활용한 생존 전략의 산물이다. 이러한 발효 반찬들은 시간이 지나면서 더욱 깊은 맛을 내며, 건강에도 긍정적인 영향을 미치는 식문화 유산으로 평가받고 있다.

오늘날에도 반찬 문화는 한국 식문화의 중심에 있다. 가정식 백반집부터 고급 한식당, 도시락과 편의점 간편식에 이르기까지, 반찬은 늘 한국인의 식탁을 구성하는 중요한 요소다. 한편, 반찬을 준비하고 남기는 문제는 현대사회에서 음식물 쓰레기 문제와도 연결되어, '필요한 만큼, 적절하게' 먹는 새로운 반찬 문화의 방향도 함께 고민되고 있다.

반찬은 단순한 곁들이 음식이 아니다. 그것은 사람과 사람 사이의 정서, 자연과 계절의 흐름, 그리고 건강을 배려한 삶의 방식이 어우러진 한국 고유의 식문화다. 작은 그릇에 담긴 하나하나의 반찬은 한국인의 일상과 정서를 말없이 전하고 있다. 그것이 바로, 한국 반찬 문화의 깊이이자 품격이다.

+α 정리해 볼까요?

1. 한국의 반찬 문화가 가지는 가장 큰 특징은 무엇인가요?

....

....

2. 다른 나라의 식문화와 비교할 때, 한국의 반찬 문화에서 가장 인상 깊었던 점은 무엇인가요?

....

....

3. 김치, 장아찌, 나물과 같은 발효·저장 반찬이 한국인 삶에 중요한 이유는 무엇인가요?

....

....

4. 한국의 반찬 문화가 공동체적인 삶의 태도와 어떤 관계가 있다고 생각하나요?

....

....

5. 현대사회에서 반찬 문화가 지속 가능하게 유지되기 위해 어떤 변화나 노력이 필요하다고 생각하나요?

....

....

17. 술 다음 날의 회복 의식

한국에서는 "한잔하자."라는 말이 단순히 술을 마시자는 의미를 넘어 사람과 사람 사이의 관계를 이어주는 문화적 언어가 되곤 한다. 회식, 모임, 친구와의 만남 등 술자리는 일상에서 흔히 있는 풍경이다. 그런데 술 마신 다음 날, 또 하나의 흥미로운 문화가 펼쳐진다. 바로 해장(解酲) 문화이다.

해장이란 문자 그대로 "술기운을 푼다."라는 뜻이다. 흔히 과음 후에 느끼는 속쓰림, 두통, 갈증을 해소하기 위해 따뜻한 국물 음식이나 음료를 먹는 것을 의미한다. 한국인에게 해장은 단순히 몸의 불편을 해소하는 행위가 아니라, 술 마신 다음 날을 마무리하는 하나의 의식이자 생활 문화다.

한국의 해장 음식은 매우 다양하고 지역색도 뚜렷하다. 대표적으로 콩나물국, 북엇국, 선지해장국, 순댓국, 우거짓국, 뼈해장국 등이 있다. 이 국물 음식들은 얼큰하고 뜨거운 것이 특징이며, 자극적인 맛과 함께 속을 달래는 데 효과적이라고 여겨진다. 특히 해장국은 깊은 육수와 부드러운 식재료로 구성되어 있어 속이 편안해지는 느낌을 준다.

예를 들어 콩나물국은 전주 지역에서 특히 유명하며, 얼큰하게 끓인 국에 밥을 말아 먹는 식으로 해장을 한다. 북엇국은 숙취에 좋은 황태와 달걀을 넣어 개운하면서도 부드러운 맛을 낸다. 어떤 음식은 고기나 선지를 넣어 영양을 보충하고, 어떤 음식은 시원한 국물로 수분을 보충하는 데 초점을 둔다.

흥미로운 점은, 이런 해장 문화가 개인적인 경험을 넘어 사회적 행위로 이어진다는 것이다. 회식 다음 날, 직장 동료들과 함께 해장국집에 들러 전날의 술자리를 회상하고 웃으며 하루를 시작하는 장면은 흔한 풍경이다. 즉, 해장은 술을 해독하는 동시에 관계를 회복하고 연대감을 이어주는 매개체 역할을 한다.

최근에는 즉석 해장국 제품, 해장라면, 숙취 해소 음료 등도 인기를 끌며, 해장 문화가 산업적으로도 확장되고 있다. 특히 숙취 해소제를 미리 챙겨 마시는 문화까지 더해져, 한국인의 술 문화는 '마시는 순간'에서 '다음 날'까지 이어지는 독특한 흐름을 가진다.

한국의 해장 문화는 단순히 속을 푸는 행동이 아니라, 하나의 생활방식이자 인간관계의 연장선에 있는 문화다. 뜨거운 국물 한 그릇에 담긴 위로와 회복은 전날의 피로를 씻어내고 새로운 하루를 시작하게 해준다.

어쩌면 한국인의 정(情)은 술자리에서 시작되어, 해장국 앞에서 진짜 깊어지는 것일지도 모른다.

+α 정리해 볼까요?

1. 해장이 단순한 속풀이가 아니라 한국인에게 '생활 문화'이자 '의식'으로 여겨지는 이유는 무엇인가요? 글의 내용을 바탕으로 설명해 보세요.

2. 이 글에서 소개된 해장 음식들(콩나물국, 북엇국, 선지해장국 등)의 특징과 지역적 특색을 두 가지 이상 정리해 보세요.

3. 한국의 해장 문화는 개인적인 경험을 넘어 '사회적 행위'로 확장된다고 했습니다. 이 말이 어떤 의미인지 설명해 보세요.

4. 다른 나라에도 해장이나 숙취 해소를 위한 문화가 있을까요? 알고 있다면 한국의 해장 문화와 비교해 보세요(예: 일본의 오차즈케, 미국의 해장 브런치 등).

5. AI를 활용해 '세계 각국의 숙취 해소 음식'이나 '술 문화와 회복 문화'를 조사하고 싶다면 명령어와 그 결과를 작성해 보세요.

18.
전통의 맛을 마시다

사람에게 음식은 단순한 생존 수단을 넘어, 기억을 담고 문화를 잇는 통로가 되기도 한다. 그중에서도 '음료'는 계절을 마시고, 마음을 데우며, 사람과 사람 사이를 부드럽게 이어주는 특별한 존재다. 한국에는 오랜 세월 자연과 사람의 조화 속에서 길러진 다양한 전통 음료가 존재한다. 그 음료들은 단지 목을 축이기 위한 것이 아니라, 건강, 정서, 환영의 의미를 담은 문화의 한 부분이다.

가장 잘 알려진 전통 음료 중 하나는 식혜다. 쌀과 엿기름으로 만든 식혜는 부드러운 단맛과 둥둥 떠 있는 밥알이 인상적인 음료로, 명절이나 잔치에서 빠지지 않는다. 시원하게 마시는 식혜 한 잔에는 음식을 마무리하는 정성과 손님을 환영하는 따뜻한 마음이 담겨 있다.

또 다른 전통 음료인 수정과는 계피와 생강의 향긋한 맛이 어우러진 음료로, 주로 겨울철에 마신다. 곶감을 띄운 수정과는 몸을 따뜻하게 데워주고, 소화를 도우며, 담백한 음식 뒤에 마시는 마무리 음료로 사랑받아 왔다. 그 깊고 은은한 맛은, 겨울날 아랫목에서 마시던 어머니의 정성과도 담았다.

오미자차, 유자차, 대추차처럼 자연의 열매와 약초를 달여 만든 전통 음료도 많다. 이들은 단순한 기호 음료가 아니라, 피로를 풀고 몸을 다스리는 약이 되는 차로 여겨졌다. 다섯 가지 맛을 지닌 오미자, 감기를 예방하는 유자, 기력을 회복시켜 주는 대추는 모두 몸과 마음을 돌보는 음료로 자리 잡았다.

일상에서 가장 쉽게 접할 수 있는 전통 음료는 보리차일 것이다. 끓여 마신 볶은 보리차의 구수한 맛은 어릴 적 외할머니댁의 주전자 속 따뜻한 기억을 떠올리게 한다. 또 쌍화차처럼 다양한 한약재가 들어간 차는 약차로서, 기력이 쇠했을 때 힘을 보태주는 음료로도 여겨졌다.

한국의 전통 음료는 단지 '마시는 것'이 아니라, 사람과 자연, 계절과 몸의 흐름을 연결하는 지혜이다. 제사나 잔치에서 손님에게 내놓는 음료 한 잔에는 정성과 배려가 담겨 있으며, '음료'는 곧 정서적 환영의 표현이었다. 이처럼 한국의 음료 문화는 건강을 챙기면서도 예절과 감성을 함께 담고 있는 독특한 아름다움을 지니고 있다.

오늘날에는 이러한 전통 음료가 현대적으로 재해석되어 병 음료로 출시되거나, 카페의 음료 메뉴로 재탄생하고 있다. 유자차나 식혜는 외국인에게도 건강한 음료로 알려지며 세계화되고 있으며, 젊은 세대도 전통의 맛을 새롭게 즐기고 있다.

  한 잔의 음료에도 세월과 문화가 담긴다. 한국의 전통 음료는 단지 과거의 흔적이 아니라, 오늘의 일상에서 전통을 마시고 이어가는 문화적 실천이다. 천천히 우러난 그 맛 속에는 자연과의 조화, 가족의 온기, 정성스러운 마음이 녹아 있다. 오늘 하루, 따뜻한 전통 음료 한 잔이 그 어느 때보다도 우리 마음을 깊이 데워줄지도 모른다.

+α 정리해 볼까요?

1. 이 글에서 소개된 전통 음료 중 기억에 남는 음료는 무엇인가요? 그 이유와 함께 해당 음료의 특징을 정리해 보세요.

2. 전통 음료는 단순히 갈증을 해소하는 것을 넘어 어떤 문화적·정서적 의미가 있나요? 글의 내용을 바탕으로 설명해 보세요.

3. 현대 음료(예: 탄산음료, 커피 등)와 한국의 전통 음료를 비교해 보세요. 각각의 장단점은 무엇인가요?

4. 전통 음료를 오늘날 더 널리 알리기 위해 어떤 방법을 활용할 수 있을까요? 여러분의 아이디어를 자유롭게 제안해 보세요.

5. AI를 활용해 세계 각국의 전통 음료를 조사하고 싶다면 어떤 명령어를 입력하면 좋을까요? 명령어와 그 결과를 작성해 보세요.

19. 한국인의 마음이 흐르는 노래
20. 판소리의 역사와 정서
21. 왕실의 음악
22. 여성국극의 문화적 의미
23. 삶의 소리를 노래하다
24. 탈춤과 가면극
25. 한국 전통 무용의 미학과 정서

3부.

한국 전통 예술의 감정

한국인의 마음이 흐르는 노래

한 민족의 정체성은 그들의 언어, 의식주, 그리고 노래에 깃들어 있다. 한국의 전통 민요 '아리랑'은 단순한 멜로디를 넘어, 수백 년의 역사와 수많은 이들의 감정, 공동체의 기억을 품은 노래다. '아리랑'을 듣는 순간, 그 안에는 기쁨과 슬픔, 한(恨)과 희망, 이별과 만남, 모든 삶의 풍경이 녹아 있다. 그래서 사람들은 아리랑을 단순한 노래가 아니라, 한국인의 삶 그 자체를 담은 소리라고 말한다.

'아리랑'의 정확한 기원은 알려지지 않았지만, 고려 혹은 조선시대부터 구전된 민요로, "아라리", "아리", "아리랑 고개" 등의 말에서 유래했을 가능성이 크다. 그 어원은 '산을 넘다' 혹은 '어렵게 길을 건너다'라는 의미를 담고 있으며, 이는 아리랑이라는 노래가 삶의 고난과 역경을 넘어가는 여정과 밀접하게 연결되어 있음을 보여준다.

역사적으로 아리랑은 시대와 지역에 따라 다양한 형태로 변모해 왔다. 조선 후기에는 전국적으로 퍼지며 지역마다 고유의 아리랑이 생겨났고, 일제강점기에는 항일 의식과 민족의 결속을 고취하는 독립운동가들의 노래로 사용되었다. 현대에 이르러서는 2012년 유네스코 인류무형문화유산으로 등재되며, 그 가치가 국제적으로 인정받았다. 2018년 평창 동계올림픽 개막식에서 남북한 선수단이 함께 아리랑을 배경으로 공동 입장한 장면은 이 노래가 단순한 민요를 넘어, 민족 정체성과 화해, 연대의 상징임을 다시금 일깨워 주었다.

아리랑의 가사는 단순하지만, 그 속에 담긴 감정은 깊고 다양하다. 이별하는 연인의 슬픔, 고된 노동 속의 한숨, 나라 잃은 백성의 눈물, 가족을 기다리는 어머니의 정. 그 모든 것이 아리랑 속에 담겨 있다. 그래서 아리랑은 언제나 시대의 소리, 민중의 입과 가슴에서 자연스럽게 울려 퍼진 음악이었다.

현대에 들어 아리랑은 전통을 지키는 동시에 새롭게 변화하고 있다. 국악과 대중음악이 융합된 크로스오버 무대, K-pop이나 재즈, 클래식과의 협업, 드라마나 영화의 OST로 등장하는 사례도 많아졌다. 이는 아리랑이 시간과 장르를 넘어 끊임없이 새롭게 재해석되고 살아 있는 전통이라는 사실을 잘 보여준다.

또한 정부와 민간단체를 중심으로 아리랑의 보존과 연구, 공연이 활발하게 이루어지고 있다. 전국 각지에서 지역 아리랑의 기록과 복원, 교육 활동이 지속되고 있으며, 국외교포 사회에서도 아리랑을 통해 한국인의 정체성을 이어가려는 노력이 계속되고 있다.

'아리랑'은 단순히 듣고 부르는 노래가 아니다. 그것은 한국인의 정서, 역사, 그리고 삶을 담은 살아 있는 문화유산이다. 시대가 변해도 아리랑은 여전히 새로운 옷을 입고 우리의 삶 속에서 울리고 있다.

그 소리는 고요하게, 때로는 처연하게, 그러나 언제나 꿋꿋하게 한국인의 가슴속을 흐른다.

우리는 이 아름다운 유산을 지키고, 또 널리 전하며 아리랑이 한국인의 정체성과 함께 세계 속의 문화로 뿌리내릴 수 있도록 노력해야 할 것이다.

🏛 **+α 정리해 볼까요?**

1. 이 글에서 아리랑은 단순한 민요가 아닌 '한국인의 삶 그 자체를 담은 소리'라고 표현했습니다. 이 말의 의미를 '아리랑'에 담긴 감정과 역사적 배경을 바탕으로 설명해 보세요.

....

2. '아리랑'은 시대와 지역에 따라 어떻게 변화해 왔나요? '아리랑'의 역사적 변화를 두 시기 이상으로 나누어 정리해 보세요.

....

3. 현대사회에서 '아리랑'이 어떤 방식으로 새롭게 해석되고 활용되고 있는지 예시를 들어 설명해 보세요.(예: K-pop, 영화 OST 등).

....

4. 여러분이 생각하기에 '아리랑'이 '한국인의 정체성을 상징하는 노래'로 불릴 수 있는 이유는 무엇인가요? 자기의 의견을 서술해 보세요.

....

5. AI를 활용해 세계 여러 나라의 대표 민요나 문화유산을 조사해 보고 싶다면 어떤 명령어를 입력하면 좋을까요? 명령어와 그 결과를 작성해 보세요.

....

판소리의 역사와 정서

한국의 전통문화 중 하나인 판소리는 단순한 음악이 아니다.

그것은 이야기, 연기, 음악이 어우러진 복합 예술이며, 한국인의 정서와 역사, 삶의 리듬이 고스란히 담긴 문화유산이다.

'판'은 무대를 뜻하고, '소리'는 노래를 의미한다. 이 둘이 합쳐진 판소리는, 말 그대로 사람들이 모여 노래와 이야기를 함께 듣는 장이다.

판소리는 17세기(1600년대)에 등장해, 18세기(1700년대)를 거치며 본격적으로 발전했다.

초기에는 주로 하층민과 평민들의 문화였으나, 점차 양반층까지 즐기게 되면서 전국적으로 확산했다. 이후 일제강점기에는 연극적 요소가 가미된 창극으로 변형되었고, 현대에 들어와서는 문화재로 보존되고 재창조되며 새로운 모습으로 이어지고 있다.

현재 판소리는 대한민국의 국가무형문화재 제5호이며, 유네스코 인류 구전 및 무형유산으로도 등재되어 세계적으로 그 가치를 인정받고 있다.

판소리는 기본적으로 세 가지 구성요소로 이루어진다.

바로 소리꾼, 고수, 그리고 청중이다. 소리꾼은 혼자서 다양한 역할을 연기하며 긴 이야기를 노래한다. 고수는 북을 치며 장단을 맞추고, 적절한 추임새로 소리꾼과 호흡을 맞춘다. 청중은 단순히 구경하는 존재가 아니라, '얼씨구', '좋다'와 같은 추임새로 공연에 적극적으로 참여하며 현장성과 공동체성을 더한다.

판소리는 이야기 구조를 바탕으로 하여, 단순한 노래나 독창이 아닌 서사적 음악극에 가깝다. 그래서 "한국의 오페라"라고도 불린다.

대표적인 작품으로는 「춘향가」, 「심청가」, 「흥보가」, 「수궁가」, 「적벽가」가 있으며, 각각 인간의 도덕, 가족애, 권선징악 등의 주제를 담고 있다.

지역에 따라 다른 유파도 존재하는데, 동편제, 서편제, 중고제가 있으며, 각각 창법과 음색, 감정 표현 방식이 다르다.

판소리에서 중요한 역할을 하는 고수의 자세 또한 주목할 만하다. '앉은뱅이 자세', '장님 자세', '벙어리 자세' 등 고수로서 바람직하지 않은 15가지 자세는 단순한 유머가 아니라, 전통 공연 예절과 집중력, 연기력의 중요성을 상징적으로 보여주는 요소다. 판소리에서는 연기자나 연주자 모두가 관객과 소통하고, 음악과 호흡해야 하기 때문이다.

　판소리와 유사한 전통 예술은 다른 나라에도 있다. 일본의 도키와즈와 노(能), 베트남의 까쭈(Ca trù), 중국의 경극(京劇) 등이 그것이다. 그러나 판소리는 음악, 말, 연기, 감정을 혼자서 표현하는 독특한 형식으로 인해 더욱 특별하며, 한 개인이 무대를 압도하는 장르로 평가받는다.

　오늘날, 판소리는 전통의 형태를 그대로 보존하는 동시에 현대적 해석과 결합해 재창작되고 있다. 젊은 소리꾼들은 창극, 뮤지컬, 국악 퓨전 등 다양한 방식으로 판소리를 현대인에게 소개하고 있으며, 외국에서도 점차 주목받고 있다. 이는 판소리가 단지 오래된 유산이 아니라, 여전히 살아 있는 예술, 현재진행형의 문화임을 의미한다.

　판소리는 단지 소리를 듣는 것이 아니다.

　그 속에는 한국인의 감정, 유머, 슬픔, 정의감, 희망이 담겨 있다. 무대 위 한 사람의 목소리가 긴 이야기를 풀어내고, 청중이 그 소리에 몸을 맡기는 순간, 우리는 서로의 삶과 마음에 공감하게 된다. 판소리는 그렇게, 소리 하나로 사람을 이어주는 한국 전통 예술의 결정체다.

🏛 +α 정리해 볼까요?

1. 판소리는 단순한 음악이 아니라 '복합 예술'이라고 했습니다. 판소리가 어떤 예술 요소들로 구성되어 있는지 설명해 보세요.

2. 이 글에서 언급된 판소리의 대표 작품 중 하나를 선택하고, 그 주제와 감정이 어떻게 담겨 있는지 정리해 보세요.

3. 판소리 공연에는 소리꾼, 고수, 청중이 모두 중요한 역할을 합니다. 이 세 존재가 어떻게 상호작용을 하며 공연을 완성하는지 설명해 보세요.

4. 판소리와 유사한 세계의 전통 공연 예술(예: 일본 노, 중국 경극 등) 중 하나를 찾아 한국의 판소리와 비교해 보세요. 공통점과 차이점은 무엇인가요?

5. AI를 활용해 판소리의 유래, 지역별 유파, 또는 현대 퓨전 판소리 사례를 조사하고 싶다면 어떤 명령어를 입력하면 좋을까요? 명령어와 그 결과를 작성해 보세요.

왕실의 음악

　　　　　　음악은 시대를 담는 그릇이며, 소리는 한 사회의 정신을 전하는 언어이다. 한국의 궁중음악은 조선 왕조의 권위와 품격, 예(禮)와 질서를 담은 음악으로, 단순한 연주를 넘어 왕실의 정치와 문화, 그리고 철학까지 아우르는 예술이었다. 그 소리는 지금도 천천히, 그러나 깊은 울림으로 우리의 전통 속에 흐르고 있다.

　궁중음악은 조선시대 왕실에서 제례, 연회, 사신 접대, 궁중무용 등 공식적인 자리에서 연주되던 음악을 말한다. 궁중이라는 제한된 공간에서 울려 퍼졌던 이 음악은 단순한 오락이 아니라, 국가의 질서와 권위, 통치 이념을 음악으로 표현한 양식화된 예술이었다.

　궁중음악은 그 계통에 따라 아악, 당악, 향악으로 나뉜다.

　아악(雅樂)은 중국 송나라에서 전해 내려온 음악으로, 특히 종묘나

문묘와 같은 유교 제례에서 연주되었다. 무겁고 장중한 선율은 하늘에 대한 경외와 국가에 대한 예를 상징했다. 대표적으로 종묘제례악은 유네스코 세계무형유산에 등재되며 그 역사성과 가치를 인정받았다.

당악(唐樂)은 당나라 계통의 음악으로, 궁중의 연회나 외국 사신을 맞이하는 자리에서 연주되었다. 아악보다 다소 밝고 경쾌한 선율을 지녔으며, '수제천', '정읍'과 같은 대표적인 곡이 전해져 오고 있다.

반면, 향악(鄕樂)은 순수하게 한국 고유의 민속 음악이 궁중에 수용되어 발전한 것으로, 궁중무용과 함께하는 경우가 많았으며, 생활 감정과 한국적 정서가 짙게 스며 있는 음악이다.

궁중음악의 아름다움은 단지 선율에만 머무르지 않는다. 음악을 구성하는 악기 하나하나에도 그 시대의 미의식과 철학이 담겨 있다. 거문고, 가야금, 대금, 피리, 해금, 편종, 편경, 장구 등 전통 악기들이 조화를 이루며 장중하면서도 섬세한 울림을 만들어 낸다. 음악과 함께 연주되는 궁중무용은 시각적 아름다움까지 더해져 하나의 종합 예술로 완성된다.

이러한 궁중음악은 조선이라는 시대를 넘어 한국 전통문화의 정신을 전하는 매개체로 오늘날에도 꾸준히 이어지고 있다. 국립국악원과 같은 기관에서는 정기적으로 공연을 열어 그 가치를 알리고 있으며, 전통 공연 예술과 현대 창작물 속에서도 다양한 방식으로 재해석되고 있다.

최근에는 궁중의 복식, 의례, 공간과 함께 궁중음악을 체험하는 콘텐츠가 국내외 관광객들에게도 큰 인기를 얻고 있으며, 이 음악은 더 이상 특정 계층의 전유물이 아닌, 모두가 공유하는 한국의 유산으로 자리 잡고 있다.

궁중음악은 조용하지만 깊은 음악이다. 권위를 노래하면서도 절제를 담고, 예를 표현하면서도 감정을 품는다. 이는 단지 과거의 유물이 아닌, 오늘날 우리가 전통을 통해 배울 수 있는 아름다움과 품격의 언어다.

한국의 궁중음악은 시대를 지나 오늘에도 여전히 울리고 있다.

그 소리는 과거의 왕과 신하가 나누던 격식을 넘어, 현대를 사는 우리에게도 삶의 리듬과 예의 가치를 다시 돌아보게 하는 고요한 가르침으로 다가온다.

🏛 +α **정리해 볼까요?**

1. 궁중음악이 단순한 연주를 넘어서 조선시대에 어떤 역할과 의미를 지녔는지 설명해 보세요.

2. 궁중음악은 아악, 당악, 향악으로 나뉩니다. 각 음악의 특징과 사용된 상황을 비교하여 정리해 보세요.

3. 이 글에서 언급된 악기 중 두세 개를 골라, 그 소리의 특징이나 문화적 의미를 설명해 보세요.

4. 오늘날 궁중음악은 어떻게 전승되고 있으며, 어떤 방식으로 대중과 다시 연결되고 있나요? 그 의미를 생각해 보고 자신의 의견을 덧붙여 보세요.

5. AI를 활용해 다른 나라의 궁중음악 또는 왕실 이례 음악을 조사하고 싶다면 어떤 명령어를 입력하면 좋을까요? 명령어와 그 결과를 작성해 보세요.

여성국극의 문화적 의미

한국 전통 예술의 역사 속에는 아직 널리 알려지지 않은 소중한 문화유산이 있다. 그중 하나가 바로 여성국극이다. 여성국극은 1945년 광복 이후 한국 사회가 격변하는 가운데, 여성들에 의해 자생적으로 태어난 예술 장르로, 국악 창극의 한 갈래이자 연극과 음악, 무용이 결합된 종합 무대 예술이다. 무엇보다 모든 배역을 여성 배우들이 소화한다는 점에서 성별 경계를 넘나드는 도전적이고 독창적인 공연 문화였다.

여성국극의 시작은 1948년 '여성 국악동호회'의 결성으로부터 비롯되었다. 같은 시기 공연된 작품 〈옥중화〉가 큰 인기를 끌며 여성국극은 대중적인 예술로 빠르게 성장했다. 이후 1950~1960년대에는 전성기를 맞으며 많은 극단이 생겨났고, 전국을 순회하며 공연을 이

어갔다. 당시 여성국극은 남성 위주의 국악계에서 독립적인 예술로 자리 잡으며, 여성의 예술적 표현과 사회 진출의 장이 되기도 했다.

여성국극은 음악적으로는 판소리 창법을 바탕으로 하며, 극 중 등장하는 모든 캐릭터 '왕, 장군, 할아버지, 심지어 남자 주인공'까지를 여성 배우들이 맡았다. 이를 통해 단순한 여장 연기를 넘어, 여성만의 감성으로 사회와 인간을 해석하고 표현하는 무대를 만들었다. 내용은 사랑, 효, 희생 등 서민적이고 정서적인 주제를 중심으로 전개되며, 관객에게 공감과 위로를 선사했다.

의상과 무대도 전통적인 미를 살려 구성되었고, 춤과 소리, 연기가 어우러진 무대는 그 자체로 아름다운 종합 예술이었다. 특히 전통 의상과 소품을 활용한 무대미술, 감정을 극대화하는 소리, 그리고 여성 특유의 섬세한 연기력은 현대 뮤지컬과 구별되는 독자적인 미학을 창조해 냈다.

그러나 안타깝게도 1970년대 이후 텔레비전과 영화 산업의 성장으로 인해 여성국극은 점차 대중의 관심에서 멀어지게 되었다. 극장은 사라지고, 배우들은 무대를 떠났다.

그런데도 오늘날에는 전통 예술의 재조명과 함께 여성국극의 복원과 계승을 위한 다양한 노력이 이루어지고 있다. 예를 들어〈해님과 달님〉(1949),〈무영탑〉(1955) 같은 대표작은 재공연되고 있으며, 최근에는 현대적 해석을 더한〈레전드 춘향전〉(2023) 같은 새로운 시도도 이어지고 있다. 또한 드라마〈정년이〉(2024)는 여성국극을 소재로 하여 다시금 대중의 관심을 불러일으켰다.

여성국극은 단순한 연극이 아니다.

그것은 여성의 목소리로 시대를 이야기하고, 감정을 노래하며, 전통 안에서 새로운 예술적 자리를 만들어 낸 귀중한 유산이다. 여성국극은 한 시대 여성들이 사회적 제약을 넘어 문화적 주체로서 자신을 스스로 표현한 상징적 예술이며, 지금도 우리가 반드시 기억하고 이어가야 할 자산이다.

과거의 무대 위에 울려 퍼진 여성들의 소리는 사라지지 않았다.

그들의 이야기는 다시금 무대 위로, 영상 속으로, 기록 속으로 되살아나며 오늘을 살아가는 우리에게 깊은 울림과 감동을 전하고 있다. 그리고 우리는, 그 무대를 잊지 않음으로써 새로운 예술의 길을 함께 이어갈 수 있을 것이다.

🏛 +α **정리해 볼까요?**

1. 여성국극이 등장한 시대적 배경은 무엇이며, 당시 한국 사회에서 어떤 의미가 있는지 설명해 보세요.

2. 여성국극이 기존의 남성 중심 국악 공연과 구별되는 점은 무엇인가요?
(예: 출연자 구성, 주제, 감정 표현 방식 등)?

3. 여성국극의 전성기와 쇠퇴 과정을 요약하고, 오늘날 이를 다시 조명하는 의미는 무엇이라 생각하나요?

4. 여성국극의 공연 양식은 현대 뮤지컬이나 연극과 어떤 공통점 또는 차이점을 지니고 있나요?

5. AI를 활용해 한국 여성국극에 대해 더 깊이 탐구하고 싶다면 어떤 명령어를 입력하면 좋을까요? 명령어와 그 결과를 작성해 보세요.

삶의 소리를 노래하다

노래는 시대를 담는 그릇이고, 사람들의 감정을 실은 목소리이다.

특히 한국의 전통 민요(民謠)는 단지 음악을 넘어서, 한국인의 삶과 정서, 공동체 문화를 오롯이 담아낸 소리의 기록이다.

땅을 일구며, 바다를 건너며, 사랑을 꿈꾸고, 슬픔을 이겨내며 부르던 민요는, 수백 년을 지나며 사람과 사람, 세대와 세대를 잇는 살아 있는 문화유산으로 전해지고 있다.

한국의 민요는 지역과 직업, 계층, 감정에 따라 다양하게 존재해 왔다. 경쾌하고 흥겨운 경기민요, 구성지고 구슬픈 남도민요, 느리고 장중한 서도민요, 강한 억양의 함경도민요, 빠르고 씩씩한 동부민요 등 각 지방의 언어 억양, 풍습, 생활환경을 반영하며 고유한 멜로디와 정서를 지닌다.

민요는 특정한 작곡가가 없이, 사람들 사이에서 자연스럽게 만들어지고 전해진 노래다. 그래서 누구나 부를 수 있고, 부르면서 가사를 바꾸기도 하며 시대와 상황에 따라 변화해 온 유연한 음악이다. '아리랑'처럼 지역마다 수백 가지 버전이 존재하는 것도 그 때문이다. 이는 곧 민요가 한 개인의 노래가 아닌, 공동체 전체의 기억과 목소리라는 뜻이기도 하다.

민요는 또한 노동과 깊은 관계가 있다.

농사일할 때 부르는 논매기 소리, 베 짜면서 부르는 길쌈 노래, 바다에서 노를 젓거나 그물을 당기며 부르는 뱃노래는 일의 리듬을 맞추고, 지친 몸을 위로하고, 서로 협력하게 하는 소리였다. 이러한 노동요(勞動謠)는 단순한 음악이 아니라, 삶의 에너지와 생존의 노래였다.

또한 민요는 감정을 표현하는 창구이기도 했다.

이별의 아픔, 사랑의 설렘, 가족을 향한 그리움, 억울함과 한(恨) 같은 깊은 감정은 민요를 통해 풀려나갔다. 서민들은 억눌린 마음을 노래로 달래며 살아갔고, 때로는 풍자와 해학을 담아 사회를 비판하기도 했다. 이런 점에서 민요는 한국인의 정서적 치유 방식이자, 소통의 도구였다.

오늘날 민요는 전통문화로 보존되고 있지만, 동시에 현대적인 방식으로 재해석되며 대중과 다시 연결되고 있다. 판소리와 결합하거나, 국악과 재즈가 섞인 새로운 장르 속에서 민요는 여전히 생생하게 살아 있다. 젊은 예술가들이 민요를 기반으로 한 공연을 시도하거나,

세계 무대에서 한국의 소리로 소개되기도 한다. 이는 민요가 단지 '옛날 노래'가 아니라, 지금도 소통할 수 있는 살아 있는 문화 자산임을 보여준다.

한국 전통 민요는 단순한 음악이 아니다. 그것은 사람들의 이야기이며, 눈물이고, 웃음이고, 삶의 소리다.

우리가 오늘 민요를 다시 부르고, 듣고, 배우는 이유는 그 속에 지금 우리에게 필요한 공감, 연결, 그리고 회복의 힘이 있기 때문이다.

🏯 +α **정리해 볼까요?**

1. 한국 전통 민요가 단순한 음악을 넘어 '삶의 소리'라고 불리는 이유는 무엇인가요? 글의 내용을 바탕으로 설명해 보세요.

2. 한국 민요는 지역에 따라 어떤 특징을 지니고 있나요? 대표적인 지역 민요의 특징 두세 가지를 정리해 보세요.

3. 민요와 노동의 관계는 무엇인가요? 민요가 공동체의 일상에서 어떤 역할을 했는지 구체적인 예와 함께 서술해 보세요.

4. '아리랑'처럼 한 민요가 다양한 형태로 존재하는 이유는 무엇이며, 이것이 민요의 어떤 특성을 보여주는지 생각해 보세요.

5. AI를 활용해 세계 다른 나라의 전통 민요와 한국 민요를 비교하고 싶다면 어떤 명령어를 입력하면 좋을까요? 명령어와 그 결과를 작성해 보세요.

탈춤과 가면극

　　　　　한국의 전통 예술 가운데 탈춤과 가면극은 단순한 민속 공연을 넘어, 민중의 삶과 감정, 사회에 대한 비판과 희망을 담아낸 집단적 예술 표현이다. 하회탈춤, 양주별산대놀이, 봉산탈춤 등 지역마다 조금씩 다른 형태로 전승되어 온 이 가면극들은 오랜 시간 동안 공동체의 웃음과 울분, 지혜와 용기를 무대 위에서 살아 숨 쉬게 해왔다.

　탈춤은 이름 그대로 '탈(가면)'을 쓰고 추는 춤이자, 극적인 요소가 가미된 종합 예술이다. 탈은 단순한 소품이 아니라, 등장인물의 신분과 성격을 상징하는 상징물로 작용한다. 양반, 선비, 부네, 백정, 할미, 각시 등 다양한 인물들은 하나하나 상징성과 해학을 갖고 있으며, 이들을 통해 계급 사회의 위선을 풍자하거나, 남녀 관계의 허구성을 조롱하고, 억눌린 감정을 해소하는 카타르시스를 제공한다.

하회별신굿탈놀이는 경북 안동 지역에서 전승된 대표적인 탈춤으로, 양반을 조롱하고, 부네의 재치 있는 말장난과 행동을 통해 성 역할을 뒤틀며 관객의 웃음을 유발한다. 양주별산대놀이는 경기도 양주 지역의 대표 탈춤으로, 사회 풍자와 더불어 진혼과 제의의 의미도 함께 담겨 있다. 봉산탈춤은 평안도 지방의 탈춤으로, 익살스러운 동작과 입담, 풍부한 리듬감으로 민중의 정서를 해학적으로 풀어내는 특징을 지닌다.

탈춤과 가면극은 단지 익살스럽고 재미있는 공연이 아니라, 당대 민중들이 억압된 현실 속에서 유일하게 감정과 생각을 자유롭게 표출할 수 있었던 '안전한 표현의 공간'이었다. 탈을 쓰고 무대에 오르면, 평범한 백성도 감히 양반을 조롱하고, 웃음과 풍자를 통해 사회의 모순을 말할 수 있었다. 이러한 표현 방식은 권위에 직접 맞서기 어려운 시대 상황 속에서 간접적이지만 효과적인 저항과 비판의 통로가 되었다.

또한, 탈춤은 공동체 의식을 강화하는 데에도 큰 역할을 했다. 연극과 춤, 음악, 노래가 어우러진 이 공연은 특정 배우나 관람객이 아니라, 마을 사람 모두가 참여하고 함께 즐기며 만들어 가는 축제였다. 연기자와 관객 사이의 경계가 허물어진 공연에서는 즉흥적인 반응과 대화가 자연스럽게 이루어졌고, 그것은 다시 탈춤의 흐름에 영향을 주며 살아 있는 예술로 거듭났다.

현대에 와서도 탈춤은 단지 과거의 민속예술로 박제되지 않고, 다양한 방식으로 재해석되고 있다. 지역 축제나 전통 공연뿐만 아니라, 현대 연극과 창작극에서 탈과 춤의 요소를 빌려 사회적 메시지를 전달하는 시도도 이루어지고 있다. 그뿐만 아니라 탈춤은 한국인의 정서 '해학, 풍자, 끈질긴 생명력'을 함축적으로 보여주는 전통문화로서 교육적, 정서적 가치도 주목받고 있다.

 탈춤은 웃음으로 시작해 공감으로 마무리되는 '민중의 예술'이다. 그 속에는 계급과 제도의 벽을 잠시나마 넘어서고자 했던 사람들의 바람, 억눌림 속에서도 웃음을 잃지 않으려는 공동체의 지혜가 담겨 있다. 탈춤과 가면극은 오늘날에도 여전히 살아 있는 이야기로, 우리가 누구인지, 어떻게 살아왔고 또 어떻게 살아갈 것인지에 대한 성찰을 던져주는 소중한 문화유산이다.

🏛 +α **정리해 볼까요?**

1. 탈춤에서 '탈'이 갖는 상징적 의미는 무엇이며, 어떤 인물들을 표현하는 데 사용되었나요?

2. 하회탈춤과 양주별산대놀이의 대표적인 특징과 지역적 차이를 설명해 보세요.

3. 탈춤이 단순한 오락이 아닌 '민중의 표현 공간'으로 기능했던 이유는 무엇인가요?

4. 탈춤 공연이 공동체 의식을 강화하는 데 어떤 역할을 했는지 서술해 보세요.

5. AI를 활용해 오늘날 탈춤이 현대적으로 재해석되어 활용되는 예시를 찾아보고, 그 문화적 가치를 알고 싶다면 어떤 명령어를 입력하면 좋을까요? 명령어와 그 결과를 작성해 보세요.

한국 전통 무용의 미학과 정서

한국의 전통 무용은 말없이도 감정을 전하고, 소리 없이도 이야기를 풀어내는 예술이다. 격렬한 동작보다 절제된 선, 빠른 리듬보다 느린 호흡 속에서 피어나는 한국 무용의 세계는 '움직임의 철학'이라 해도 과언이 아니다. 한국 전통 무용은 단순한 퍼포먼스를 넘어, 민족의 정서와 역사, 그리고 공동체의 삶이 오롯이 담긴 문화유산이다.

전통 무용은 크게 궁중무용과 민속무용으로 나눌 수 있다. 궁중무용은 왕실의 의례와 연회에서 연주되던 예술로, 형식과 절도가 강조된다. 반면 민속무용은 백성들의 삶과 희로애락이 담긴 자연스러운 표현으로, 지역성과 공동체성을 드러낸다. 오늘날에도 한국 전통 무용은 이런 두 흐름을 바탕으로 다양한 형태로 전승되고 있다.

대표적인 무용 중 하나인 승무는 정적이면서도 내면의 움직임이 강하게 느껴지는 춤이다. 백의 승복을 입고 소매를 길게 늘어뜨린 무용수가 북소리에 맞춰 천천히 회전하며 추는 승무는, 선승의 고요한 마음과 인간의 번뇌를 함께 담아낸다. 이 춤은 한국 무용의 미학이 '몸의 움직임' 그 자체보다도 '멈춤과 여백'에서 피어난다는 사실을 잘 보여준다.

또 다른 전통 무용인 부채춤은 화려하고 섬세한 아름다움의 결정체라 할 수 있다. 부채를 펼치고 접는 동작을 통해 꽃이 피고 지는 모양, 파도가 이는 모습 등을 표현하는 이 춤은 여성 무용수의 우아한 동작과 군무의 조화로 관객에게 시각적 쾌감을 선사한다. 전통 의상과 색채, 음악이 어우러지며 한국적인 미의식을 집약적으로 보여주는 대표적인 공연 예술이다.

강강술래는 무대가 아닌 들판과 마당에서, 특정 인물이 아닌 마을의 여성들이 함께 어우러져 추는 민속무용이다. 추석이나 명절, 기우제를 포함한 다양한 민속 의례 속에서 원을 그리며 손에 손을 잡고 부르는 노래와 함께 이루어지는 이 춤은, 단순한 오락이 아니라 공동체의 염원과 연대감을 상징한다. 유네스코 인류 무형유산으로 등재된 이 무용은 한국의 전통 무용이 단지 기술적 표현이 아니라 '삶의 한 방식'이었음을 알려준다.

한국 전통 무용의 특징은 '신명'과 '정중동(靜中動)'에 있다. 즉흥적이고 유연한 선의 흐름, 몸 전체를 이용한 감정의 표현, 그리고 음악과의 밀접한 호흡은 한국 무용이 서양 발레처럼 정해진 틀보다 감정의 흐름을 더 중요시하는 예술임을 보여준다. 특히 북, 장구, 징 등의 타악기와 어우러질 때 무용은 소리와 움직임의 경계를 허물며 극적인 정서를 자아낸다.

현대에 이르러 한국 전통 무용은 창작무용과의 융합, 무대화된 공연, 해외 순회공연 등을 통해 끊임없이 새로운 모습으로 변모하고 있다. 고전적 형식을 지키면서도 현대인의 감성에 맞춘 재해석은 한국 무용이 여전히 살아 있는 문화라는 사실을 입증한다.

몸으로 말하고, 리듬으로 이야기하며, 침묵 속에서도 깊은 울림을 전하는 한국의 전통 무용. 그 움직임은 단지 예술의 표현을 넘어, 시대를 잇는 감정의 언어이자, 한국인의 정서가 흐르는 또 하나의 길이다.

🏛 +α 정리해 볼까요?

1. 한국 전통 무용에서 '여백의 미'가 강조되는 이유는 무엇인가요?

2. 승무와 부채춤은 각각 어떤 상징성과 감정을 담고 있나요?

3. 강강술래는 공연 예술이라기보다 공동체적 의례라는 평가를 받습니다. 그 이유는 무엇일까요?

4. 한국 전통 무용은 어떤 방식으로 오늘날까지 전승되고 있나요?

5. 한국 전통 무용이 가신 독창적인 미적 요소는 무엇이라고 생각하나요?

26. 아름다움의 문화
27. 한국 드라마의 세계
28. 세계를 하나로 잇는 리듬 K-POP
29. 대중과 글로벌 팬을 사로잡은 애니메이션
30. 한국 영화 문화의 변화와 의미
31. 지역의 삶을 품은 예능
32. 한국의 카페문화
33. 한국의 대중교통 문화
34. 뜨거운 휴식의 공간 찜질방
35. 길거리 음식과 야시장 문화
36. 24시간 문화와 편의점 생활

4부.

일상에 스며든 대중문화, 오늘의 한국을 말하다

아름다움의 문화

　　　　　21세기 세계인의 화장대 위에 'K-뷰티'가 자리 잡았다. 한국의 뷰티 제품과 스타일, 그리고 그 속에 담긴 미의식은 단순한 소비 트렌드를 넘어서, 하나의 문화로 확산되고 있다. 스킨케어부터 메이크업, 성형문화, 뷰티 유튜버와 SNS 콘텐츠에 이르기까지, K-뷰티는 한국의 섬세함과 혁신, 그리고 독특한 '아름다움에 대한 태도'를 세계에 알리는 새로운 문화 콘텐츠로 주목받고 있다.

　한국의 뷰티 문화는 오랜 역사와 함께 시작되었다. 고려시대에는 연지곤지를 찍고, 조선시대에는 백분을 발라 맑고 단아한 이미지를 중요하게 여겼다. 당시 여성의 미는 절제와 청결, 균형미에 있었다. 이러한 전통은 현대 K-뷰티에도 이어져 '자연스러운 아름다움'과 '맑고 깨끗한 피부'를 강조하는 정서로 발전했다. 오늘날 전 세계에서

'물광 피부', '글로우 메이크업' 등이 인기를 끄는 배경에는 이 한국적인 미적 감각이 깔려 있다.

K-뷰티의 큰 특징 중 하나는 '피부관리 중심'의 철학이다. 단순히 피부를 가리는 것이 아니라, 피부 본연의 건강과 생기를 가꾸는 데 초점을 둔다. 토너, 에센스, 앰플, 마스크팩 등 여러 단계를 거치는 세심한 관리 방식은 다소 복잡해 보이지만, 그만큼 자기 돌봄과 시간 투자에 대한 가치가 중요하게 여겨지는 한국인의 삶의 태도를 반영한다. 이는 '아름다움은 꾸미는 것이 아니라 관리하는 것'이라는 문화적 메시지를 담고 있다.

또한 K-뷰티는 빠르게 변화하는 유행과 감각적인 디자인, 가격 대비 뛰어난 품질(가성비)로도 유명하다. 한국의 미용 브랜드들은 소비자와의 밀접한 소통, 적극적인 샘플링과 체험 마케팅, SNS를 통한 입소문 전략으로 세계 시장에 빠르게 안착했다. 뷰티 유튜버와 인플루언서, 드라마 속 주인공의 메이크업은 전 세계 소비자들에게 새로운 뷰티 코드를 제시하고, 동시에 한국 문화에 대한 호기심과 관심을 유도하는 연결고리가 된다.

한편으로는 K-뷰티가 성형 문화와 연결된 측면도 있다. 외모에 대한 높은 관심과 기준은 한국 사회의 또 다른 단면을 보여준다. 그러나 최근에는 획일적인 미의 기준을 벗어나 자신만의 개성과 내면의 아름다움을 추구하는 흐름도 확산하고 있다. '노메이크업 룩', '비건 뷰티', '남성 화장품' 등 다양성과 포용성을 강조하는 변화는 K-뷰티가 성숙한 문화로 나아가고 있음을 보여주는 증거다.

K-뷰티는 단순한 외모 꾸미기를 넘어, 자기표현, 돌봄의 문화, 그리고 개성의 존중이라는 메시지를 담고 있다. 빠른 기술 혁신과 전통적 미의식의 조화 속에서 만들어진 이 문화는, 한국인의 섬세함과 끊임없는 자기 계발 정신을 상징적으로 드러낸다. 오늘날의 K-뷰티는 화장품을 넘어, '한국적인 삶의 태도'를 담은 하나의 문화 코드로 전 세계에 전파되고 있다.

+α 정리해 볼까요?

1. K-뷰티가 '자연스러운 아름다움'을 추구한다고 할 때, 이는 어떤 한국적인 정서나 전통에서 비롯된 것일까요?

2. 한국의 피부관리 문화는 '관리의 문화'라고도 합니다. 왜 한국에서는 피부를 관리하는 것이 꾸미는 것보다 더 중요한 문화가 되었을까요?

3. K-뷰티가 세계적으로 인기를 끌 수 있었던 요인은 무엇인가요?

4. K-뷰티에서 드러나는 성형 문화는 어떤 사회적 함의를 담고 있을까요?

5. 앞으로의 K-뷰티는 어떤 방향으로 진화할 수 있을까요?

27. 한국 드라마의 세계

　　　　　　　한국 드라마는 오랜 시간 동안 한국인의 정서와 삶을 담아내며, 한 사회의 거울이자 대중의 위안이 되어왔다. 시대가 바뀌고 기술이 발전해도, 드라마가 전하는 메시지의 본질은 변하지 않는다. 그것은 사람과 사람 사이의 연결, 공감, 그리고 치유다. 최근 넷플릭스를 통해 공개된 드라마 〈폭싹 속았수다〉(2025)는 이 같은 한국 드라마의 힘을 다시 한번 보여주는 작품이다.

　한국 드라마는 1960~1970년대 가정 중심의 이야기로 출발했다. 흑백 TV 시절 〈전원일기〉 같은 드라마는 공동체와 가족애를 강조했고, 1990년대에는 〈모래시계〉, 〈사랑이 뭐길래〉처럼 사회 문제와 사랑을 다룬 장르물이 인기를 끌었다. 2000년대 이후에는 〈겨울연가〉로 대표되는 한류 드라마가 아시아 전역에서 폭발적인 인기를 얻었고, 〈도깨비〉, 〈미스터 션샤인〉, 〈오징어 게임〉은 세계 무대에서도 높은 평가를 받으며 한국 드라마의 저력을 입증했다.

이러한 흐름 속에서 등장한 〈폭싹 속았수다〉는 특별한 의미를 지닌다. '폭싹 속았수다'는 제주 방언으로 '수고 많으셨습니다', '정말 애썼습니다'라는 뜻을 가진 표현이다. 제목부터가 따뜻하다. 드라마는 1950~1980년대 제주도를 배경으로, 평범한 남녀 관식과 애순의 인생을 따라간다. 학교 대신 밭일을, 연애 대신 책임을 먼저 배운 주인공들의 이야기는 화려하지 않지만, 깊은 여운을 준다. 이 드라마는 세련된 영상미나 빠른 전개보다 '정(情)'과 '성실한 삶'을 중심에 둔 서사로 시청자들의 마음을 울린다.

〈폭싹 속았수다〉는 한국 드라마가 오랫동안 다뤄왔던 '사람 사는 이야기'의 정수를 보여준다. 특히 관식이 보여주는 조용하고 꾸준한 사랑, 애순이 겪는 가족의 해체와 회복 과정은 한국인이 오랫동안 경험하고 공감해 온 삶의 일면이다. 또한 마을 공동체의 존재, 어르신들의 언어와 행동, 정겨운 풍경 등은 단순한 배경을 넘어, 우리가 잊고 있던 따뜻한 관계성과 공동체 의식을 되살린다.

한국 드라마의 진가는 이러한 '감정 중심 서사'에 있다. 인간 내면의 감정을 천천히 들여다보고, 갈등과 화해, 이별과 만남의 서사를 통해 관객과 교감한다. 그래서 한국 드라마는 시청자에게 단순한 오락이 아니라, 자신의 삶을 돌아보게 하는 거울이 되기도 한다.

또한, 〈폭싹 속았수다〉는 한국의 지역성과 언어를 자연스럽게 살리면서도 보편적 감정에 호소한다는 점에서, 한국 드라마가 글로벌 콘텐츠로 진화하면서도 본질을 잃지 않을 수 있음을 증명한 작품이다. 제주어 자막, 지역 특유의 정서, 그리고 시대별 문화 요소들을 그대로 살리면서도, 외국 시청자들도 쉽게 공감할 수 있도록 구성되었다. 이는 한국 드라마의 또 다른 가능성, '지역성과 세계성의 조화'를 보여준 사례다.

결국 드라마는 사람을 다룬다. 그리고 한국 드라마는 그 누구보다도 섬세하고 따뜻하게 사람을 다룰 줄 안다. 〈폭싹 속았수다〉는 단순한 드라마 그 이상이다. 빠르게 변화하는 세상 속에서도 느리게, 진심을 담아 사랑하고 살아가는 이들의 모습을 통해, 한국 드라마가 왜 지금도 여전히 많은 사람들의 마음을 움직이는지를 증명해 보인다.

+α 정리해 볼까요?

1. 한국 드라마의 변화 과정을 시대별로 간단히 정리해 보세요. 각 시대의 대표 드라마와 그 특징도 함께 적어보세요.

2. 드라마 〈폭싹 속았수다〉는 어떤 점에서 '한국 드라마의 정수'를 보여준다고 할 수 있을까요? 그리고 '해녀'에 대해 설명해 보세요.

3. 이 드라마가 지역성과 세계성을 어떻게 조화롭게 담아냈는지 서술해 보세요.(예: 언어, 문화, 배경 등).

4. 한국 드라마가 단순한 오락을 넘어 감정 중심 서사로 사람들의 삶에 어떤 영향을 준다고 생각하나요? 본인의 경험이나 감상을 예로 들어보세요.

5. AI를 활용해 다른 나라의 대표 드라마와 한국 드라마를 비교하려면 어떤 명령어를 입력하면 좋을까요? 명령어와 그 결과를 작성해 보세요.

세계를 하나로 잇는 리듬 K-POP

　　　　　　한때는 작은 나라의 대중음악으로 시작된 K-POP이 이제는 전 세계의 청년들이 열광하는 문화 현상이 되었다. 화려한 무대와 퍼포먼스, 중독성 있는 멜로디와 세계적인 열성팬을 바탕으로 K-POP은 더 이상 한국만의 음악이 아니다. 이제는 세계를 무대로, 문화의 경계를 허물며 글로벌 문화의 중심축으로 자리 잡고 있다.

　K-POP의 시작은 1990년대 초반, '서태지와 아이들'의 등장이었다. 그들은 서구 음악 요소를 한국 대중가요에 접목시켜 젊은 세대의 감성을 사로잡았다. 이후 HOT, 젝스키스, SES, 핑클 등 아이돌 그룹의 시대가 열리며, 기획사 중심의 트레이닝 시스템과 정교한 퍼포먼스가 K-POP의 기본 틀을 형성했다. 2000년대 들어 동방신기, 소녀시대,

빅뱅 등의 그룹은 아시아 전역에서 큰 인기를 끌었고, 이는 곧 '한류'라는 이름으로 한국 대중문화가 세계로 뻗어나가는 계기가 되었다.

K-POP의 가장 큰 특징은 단순한 음악에 머물지 않는다는 점이다. 완성도 높은 안무, 세련된 스타일링, 강한 메시지를 담은 뮤직비디오, 그리고 팬들과의 밀접한 소통은 K-POP을 하나의 종합 콘텐츠 문화로 발전시켰다. 특히 팬덤은 단순한 소비자를 넘어, 콘서트 응원, 팬 프로젝트, 기부, 콘텐츠 번역 등 다양한 방식으로 아티스트와 함께 문화를 만들어간다.

이처럼 K-POP은 '듣는 음악'을 넘어 '함께 만드는 음악'으로 변화해 왔다. 이러한 흐름 속에서 2012년, 싸이의 '강남스타일'은 유튜브를 통해 글로벌 신드롬을 일으켰다. 그리고 2020년대에는 방탄소년단(BTS), 블랙핑크, 뉴진스, 세븐틴, 스트레이키즈 등 다양한 그룹들이 미국 빌보드 차트를 석권하며, 한국 음악이 더 이상 '동양의 이색 콘텐츠'가 아닌, 세계 시장의 주류 콘텐츠로 받아들여지게 되었다.

K-POP은 또 하나의 중요한 역할을 하고 있다.

바로 한국 문화를 세계에 알리는 문화 창구가 된 것이다. K-POP을 통해 팬들은 자연스럽게 한국어를 배우고, 한국의 음식, 의상, 전통, 예절에 관심을 가지게 된다. 이는 한국의 영화, 드라마, 관광, 뷰티 산업 등과 연결되며 국가 브랜드 가치를 높이는 데 크게 기여하고 있다.

물론, 모든 문화가 그렇듯 K-POP 역시 해결해야 할 과제도 있다. 지나친 경쟁과 사생활 침해, 정서적 압박은 많은 아이돌이 겪는 현실이기도 하다. 그러나 그럼에도 불구하고 K-POP은 끊임없이 변화하고 있으며, 새로운 기술과 미디어 플랫폼을 통해 세계인들과 더 가깝게 소통하는 방향으로 나아가고 있다.

결국 K-POP이 말하고자 하는 것은 복잡하지 않다. 다양성을 인정하고, 서로 다른 문화를 존중하며, 함께 즐기는 것이다. 한국의 작은 연습실에서 시작된 음악이 이제는 전 세계를 무대로 펼쳐지고 있다는 사실은, 음악이 얼마나 강력한 소통의 도구이며, 문화가 세상을 잇는 힘이 될 수 있는지를 보여준다.

K-POP은 단지 음악 장르가 아니다.

그것은 새로운 세대가 함께 꿈꾸고, 연결되고, 움직이게 하는 21세기형 글로벌 문화의 언어다. 이제 그 리듬은 국경도, 언어도, 세대도 초월해, 모두가 함께 즐기는 하나의 이야기로 계속되고 있다.

🏛 +α 정리해 볼까요?

1. K-POP이 단순한 음악을 넘어 '문화 현상'으로 자리 잡게 된 이유는 무엇인가요? 글 속의 구체적인 예를 들어 설명해 보세요.

2. K-POP 열성팬은 단순한 소비자를 넘어 어떤 역할을 하고 있나요? 팬과 예술가의 관계에서 나타나는 특징을 말해보세요.

3. K-POP을 통해 세계인이 한국 문화를 자연스럽게 접하게 되는 이유는 무엇인가요? 예시를 들어 설명해 보세요.

4. K-POP 산업이 안고 있는 문제점에는 무엇이 있으며, 앞으로 어떤 방향으로 나아가야 할까요?

5. AI를 활용해 K-POP과 다른 나라의 음악 장르(예: J-POP, 라틴팝 등)를 비교하고 싶다면 어떤 명령어를 입력하면 좋을까요? 명령어와 그 결과를 작성해 보세요.

29.

대중과 글로벌 팬을 사로잡은 애니메이션

〈K-Pop Demon Hunters〉는 2025년 넷플릭스를 통해 공개된 애니메이션 뮤지컬 판타지 영화로, K-팝 걸그룹 Huntr/X(헌트릭스)를 중심으로 이야기가 전개된다. 이들은 낮에는 전 세계 팬들에게 사랑받는 무대 위의 스타이지만, 밤에는 인간 사회를 위협하는 악의 존재를 제거하는 '악마 헌터'로 변신한다. 이러한 이중적 설정은 K-팝 산업의 화려함과 어두운 이면, 대중성과 신비성을 동시에 녹여내며 관객에게 새로운 서사적 쾌감을 안겨준다.

작품은 전통과 현대, 동양과 서양, 대중문화와 신화적 상상력을 조화롭게 결합한다. 캐릭터들이 착용한 의상은 한복의 요소를 현대적으로 재해석한 디자인이며, 부적, 오방색, 귀신 신화 등 한국 전통의 상징이 곳곳에 스며든다. 시각적으로는 하이브리드 2D·3D 애니메이션 기법을 활용하여 마치 '스파이더 버스'처럼 역동적이고 감각적인 화면을 구현해 냈다.

주인공 루미(Rumi)는 인간과 악마 사이의 혼혈 캐릭터로, 자신의 내면에 존재하는 어두운 본성과 싸우며 정체성을 찾아가는 인물이다. 그녀의 서사는 단순한 히어로물의 구조를 넘어, 청년 세대가 겪는 자아 탐색과 수용의 과정을 상징적으로 드러낸다. 특히 '혼혈'이라는 설정은 한국 사회에서의 다양성과 포용성, 그리고 디아스포라적 시선까지 확장되는 사회적 함의를 지닌다.

음악은 이 작품의 또 다른 중심축이다. 대표곡 'Golden'은 애니메이션 사운드트랙임에도 불구하고 실제 K-팝 음원처럼 글로벌 빌보드 차트에 진입하며, 전 세계 팬들 사이에서 열광적인 반응을 이끌어 냈다. 영화 속 뮤직비디오 형식의 장면은 실존 K-팝 퍼포먼스에 버금가는 몰입감과 감정선을 제공한다.

흥행 성적도 매우 주목할 만하다. 공개 후 45일 만에 1억 5,800만 회의 시청 기록을 세우며 넷플릭스 역대 최다 시청 애니메이션으로 등극했고, 북미에서는 극장 싱어롱 상영회가 열릴 만큼 팬덤의 자발적 참여도 활발했다. SNS상에서는 댄스 커버, 코스프레, 가사 해석 등 다양한 2차 창작 콘텐츠가 이어졌으며, 이는 콘텐츠 소비 방식을 넘어 '참여형 팬덤 문화'로까지 발전했다.

〈K-Pop Demon Hunters〉는 단순한 흥행 성공을 넘어서 한국 콘텐츠가 어떤 방식으로 세계 대중과 연결되고, 어떤 문화적 정체성을 통해 소통하는지를 보여주는 상징적 작품이다. K-팝이라는 익숙한 형식을 바탕으로 애니메이션이라는 새로운 매체를 활용했으며, 이를 통해 한국의 전통과 글로벌 문화 산업의 접점을 창의적으로 탐색했다.

🏛 +α 정리해 볼까요?

1. 〈K-Pop Demon Hunters〉는 '한국적'이라고 말할 수 있을까요?

2. 애니메이션이라는 장르가 K-팝을 재해석하는 데 어떤 장점이 있는지 이야기해 보세요.

3. 이 작품이 정체성과 혼혈성이라는 주제를 어떻게 풀어내며, 이러한 전개가 오늘날 세계 각국의 청년들에게 어떤 공감과 반응을 이끌어 낼 수 있을까요?

4. 이 작품은 한국 문화의 세계화 과정에 어떤 새로운 가능성과 방향성을 제시하고 있을까요?

5. 〈K-Pop Demon Hunters〉에 나타난 한국적 시각 요소 조사 및 OTT 플랫폼이 문화 다양성에 미치는 영향을 토론해 봅시다.

한국 영화 문화의 변화와 의미

한국의 영화는 단지 오락과 감상의 수단을 넘어, 시대의 아픔과 꿈, 그리고 한국인의 정체성을 반영하는 문화의 거울이었다.

100년이 넘는 한국 영화의 역사는, 정치적 억압 속에서도 목소리를 내고자 했던 예술가들의 노력과 시대가 바뀜에 따라 점차 세계로 뻗어나간 문화 산업의 성장을 함께 보여준다.

한국 영화의 시작은 1919년 개봉된 〈의리적 구토〉로부터 비롯된다. 이 시기는 연극과 영화가 결합한 형태인 '연쇄극'이 등장하며, 극장에서 배우의 실연과 영상이 결합한 독특한 방식으로 관객을 만났다. 영화는 곧 민족 감정을 담는 도구가 되었고, 대표적으로 1926년 개봉한 〈아리랑〉은 일제강점기 한국인의 분노와 저항의 감정을 은유적으로 표현하며 큰 반향을 일으켰다. 이처럼 초기 한국 영화는 단순한 오락이 아닌, 민족 정체성과 독립 의지를 표현하는 저항의 예술이었다.

광복 이후 영화는 새롭게 도약했다. 〈자유만세〉, 〈자유부인〉, 〈피아골〉 등의 작품들은 한국 사회의 혼란과 변화, 그리고 현대화로의 이행을 반영하였다. 하지만 1950~1970년대에는 정치적 검열이 강했고, 영화는 직접적인 사회 비판 대신 상징과 우회적인 메시지를 담아야 했다.

그럼에도 불구하고 감독들은 인간의 본성, 현실 문제, 전통과 근대의 충돌 등 다양한 주제를 통해 관객과 시대의 감정을 이어가는 창의적인 방식을 모색했다. 2000년대에 들어서면서 한국 영화는 세계적으로 큰 주목을 받기 시작한다. 〈올드보이〉, 〈부산행〉, 〈기생충〉과 같은 작품들은 한국적 서사와 감성을 유지하면서도 세계인이 공감할 수 있는 이야기와 영상미를 통해 글로벌 무대에서 성공을 거두었다.

특히 봉준호 감독의 〈기생충〉은 2019년 아카데미 작품상, 감독상, 각본상, 국제 영화상까지 석권하며 한국 영화의 위상을 단번에 끌어올렸다.

한국 영화의 가장 큰 특징은 현실에 깊게 뿌리박은 서사, 그리고 감정 중심의 줄거리에 있다.

영화 속 인물들은 사회 속 갈등, 가족애, 계층 문제, 역사적 상처를 겪으며, 그 속에서 관객은 자신의 감정을 이입하게 된다. 이는 한국 영화가 전 세계 관객들에게 인간 본연의 감정과 이야기로 소통할 수 있었던 힘이기도 하다.

장르 측면에서도 한국은 사극, 가족 영화, 액션 등의 분야에서 특유의 감성과 스타일을 발전시켜 왔다. 유교 문화와 긴 역사 속에서 형성된 가족 중심의 가치관은 많은 영화에서 '가족'이라는 키워드를 중심으로 이야기를 풀어내게 했으며, 삼국시대부터 조선까지 이어지는 풍부한 역사적 배경은 다양한 사극 영화의 원천이 되었다.

반면, 일본 영화는 애니메이션과 청춘물에서 두각을 나타낸다.

일본 사회가 학교와 청춘기를 중요하게 인식하고, 하이틴 문화에 대한 애정이 깊기 때문이다. 결국, 영화는 그 나라의 문화, 가치관, 그리고 사람들의 삶을 가장 잘 보여주는 예술 매체이다.

한국 영화는 시대의 변화에 따라 검열과 제약, 대중성과 예술성, 전통과 세계화라는 도전 속에서도 끊임없이 진화하며 지금의 자리에 이르렀다. 앞으로의 한국 영화가 또 어떤 방식으로 한국인의 정서와 시대의 목소리를 담아낼지, 그 행보가 더욱 기대된다.

+α 정리해 볼까요?

1. 한국 영화가 처음 시작된 시기와 특징을 설명해 보세요. 초기 영화가 어떤 사회적 역할을 했는지도 함께 적어보세요.

2. 한국 영화가 1950~1970년대 정치적 제약 속에서도 전달하고자 했던 메시지는 무엇이며, 이를 어떤 방식으로 표현했나요?

3. 〈기생충〉, 〈올드보이〉, 〈부산행〉과 같은 작품들이 세계적으로 인정받은 이유는 무엇이라고 생각하나요? 한국 영화만의 매력을 중심으로 서술해 보세요.

4. 한국 영화와 일본 영화의 장르적·문화적 차이점은 무엇인가요? 그 배경에 있는 가치관과 문화 차이도 함께 설명해 보세요.

5. AI를 활용하여 한국 영화와 다른 나라 영화(예: 프랑스, 미국, 일본 등)를 비교해 보고 싶을 때, 어떤 명령어를 입력하면 좋을까요? 명령어와 그 결과를 작성해 보세요.

31. 지역의 삶을 품은 예능

　　　　　　　　　　예능 프로그램은 단순한 웃음을 넘어서, 한 사회의 정서와 삶의 방식을 반영하는 문화 콘텐츠다. 특히 한국의 예능은 빠르게 변화하는 도시 생활뿐만 아니라, 지역의 자연과 전통, 사람들의 일상을 품으며 시청자들과 정서적 공감대를 형성해 왔다. 지역성이 반영된 한국 예능은 시청자에게 신선함과 향수를 동시에 선사하며, 오락과 문화 보존이라는 두 가지 역할을 동시에 수행하고 있다.

　2000년대 초반, 한국 예능은 도시 중심의 스튜디오 토크쇼나 게임 위주의 구성에서 벗어나기 시작했다. 이 과정에서 등장한 프로그램들이 바로 지역성과 인간미를 중심에 둔 리얼리티 예능이다. 대표적인 예가 〈1박 2일〉, 〈삼시세끼〉, 〈윤식당〉, 〈도시어부〉, 〈어쩌다 사장〉

등이다. 이 프로그램들은 화려한 무대나 대본 없이, 시골 마을이나 바닷가, 산속 마을과 같은 '지역의 공간' 속에서 펼쳐지는 출연자들의 자연스러운 일상과 관계에 집중했다.

이러한 프로그램들은 지역의 음식을 직접 만들어 먹고, 지역 주민과 함께 소통하며, 그곳의 전통과 풍경을 소개함으로써 시청자에게 '보고 듣는 여행'의 즐거움을 준다. 동시에, 지역에서 살아가는 사람들의 삶의 리듬과 따뜻한 인간관계를 조명함으로써, 도시에서 잊고 지냈던 공동체적 가치와 소박한 행복을 다시금 떠올리게 한다.

〈삼시세끼〉는 도시를 벗어난 한적한 시골집에서 하루 세 끼를 해 먹는 단순한 형식이지만, 그 안에서 농사와 요리, 휴식이 자연스럽게 어우러지며 지역의 계절과 삶을 고스란히 담아냈다. 〈윤식당〉이나 〈서진이네〉 같은 프로그램은 한국의 음식을 해외에 소개하면서도, 촬영지 주변의 문화와 환경을 존중하며 지역성과 세계성이 만나는 접점을 제시했다.

이러한 예능 속 지역성은 단순한 배경으로만 기능하지 않는다. 지역은 출연자들이 보여주는 삶의 방식과 가치관에 영향을 미치고, 시청자는 이를 통해 간접적으로 '지역적 삶'을 체험하게 된다. 이는 곧 예능이 단순한 유희를 넘어서 교육적·문화적 역할까지 수행하고 있음을 보여준다.

또한, 지역 기반 예능은 지역 경제와 관광에도 긍정적인 영향을 미친다. 방송에 소개된 장소나 음식, 사람들은 이후 여행지로 떠오르며, 지역에 활력을 불어넣는다. 실제로 〈1박 2일〉에서 다룬 소도시나

산촌은 방송 후 관광객이 급증한 사례가 많다. 이는 예능이 지역과 상생하며, 지역 문화의 지속 가능성을 높이는 데 기여하고 있다는 뜻이다.

하지만 예능이 지역을 단지 '소재'로 소비하는 데 그치지 않고, 진정성 있게 그 지역의 맥락을 존중하는 태도는 더욱 중요하다. 지역 사람들의 목소리를 담고, 그들의 문화를 온전히 소개할 때 비로소 예능은 지역성과 문화 다양성의 가치를 드러낼 수 있다.

한국 예능은 끊임없이 변해왔지만, '사람'과 '공간'에 대한 관심만큼은 줄어들지 않았다. 그리고 그 공간이 바로 '지역'이다. 지역성은 예능이 가진 가장 인간적인 정서의 근원이며, 그 속에서 우리는 더 많은 이야기를 발견하고, 더 깊은 공감을 나눌 수 있다.

한국 예능은 이제 단지 웃음을 주는 콘텐츠가 아니다. 그것은 도시와 농촌, 중심과 주변, 개인과 공동체를 잇는 하나의 다리가 되어 우리 삶의 의미를 다시 묻는 문화의 창이자 거울이 되고 있다.

🏛 +α 정리해 볼까요?

1. 한국 예능에서 '지역성'이 어떻게 표현되고 있는지 예시를 들어 설명해 보세요.

2. 〈삼시세끼〉, 〈1박 2일〉, 〈윤식당〉 같은 프로그램이 시청자에게 주는 정서적 공감 요소는 무엇이라고 생각하나요?

3. 지역 기반 예능이 해당 지역사회에 미치는 긍정적인 영향에는 어떤 것들이 있나요?

4. 한국 예능이 지역 문화를 단순한 배경으로 소비하지 않기 위해 어떤 노력이 필요하다고 생각하나요?

5. 자신이 기획자라면, 한국의 또 다른 지역성과 전통을 활용한 예능 프로그램을 어떻게 만들어 보고 싶나요? 간단한 아이디어를 적어보세요.

32. 한국의 카페문화

한국 사회에서 "카페"는 단순히 커피를 마시는 공간을 넘어, 사람과 사람이 연결되고, 일상이 예술이 되며, 도시의 풍경을 형성하는 문화 공간으로 자리 잡았다.

특히 지난 20여 년 사이 한국의 카페문화는 폭발적으로 성장하며, 그 어느 나라보다 독특하고 빠르게 변화해 왔다. 지금의 한국 카페는 단지 음료를 판매하는 곳이 아니라, 소통, 힐링, 표현, 창작, 소비가 공존하는 복합 문화의 장이 되었다.

한국의 커피문화는 19세기 말 처음 전해졌으나, 본격적인 대중화는 1990년대 이후로 볼 수 있다. 처음에는 다방과 호텔 커피숍이 주를 이뤘고, 이후 2000년대 초반부터는 스타벅스를 비롯한 프랜차이즈 카페의 등장으로 커피를 매개로 한 일상 문화가 본격적으로 확산하기 시작했다.

이 시기부터 커피는 단지 마시는 음료가 아닌, 사는 방식과 취향을 드러내는 상징이 되었다.

오늘날 한국의 카페는 단순한 프랜차이즈를 넘어, 개성 강한 독립 카페와 테마 카페가 거리 곳곳에 자리하고 있다. 디저트 전문 카페, 북카페, 식물 카페, 애완동물 카페, 빈티지 감성 카페, 스터디 카페 등 다양한 형태가 존재하며, 그 공간 자체가 하나의 '문화 콘텐츠'가 된다. 카페 인테리어는 SNS 공유를 전제로 한 디자인으로 꾸며지며, 카페 탐방은 하나의 '일상 여행'이 되고 있다.

한국의 카페문화가 특별한 이유 중 하나는, 속도감 있는 사회에서 쉼표를 제공하는 공간이라는 점이다. 빠르게 변화하는 도시 속에서 사람들은 카페라는 공간 안에서 잠시 여유를 누리고, 대화를 나누고, 혼자만의 시간을 보낸다.

카페는 연인, 친구, 가족, 직장 동료와의 만남 장소이자, 때로는 혼자 노트북을 펼치고 일하거나 글을 쓰는 1인 사색 공간으로도 기능한다.

또한, 한국 사회에서 카페는 소비와 창작, 자아 표현의 공간으로도 진화했다. '감성 카페'라는 말이 생겨날 정도로, 사람들은 카페에서 감정과 취향을 공유하고, 사진을 찍어 SNS에 올리는 것 자체를 즐긴다.

카페는 이제 '단골'보다 '발견'이 중요한 시대가 되었고, 브랜드보다 '분위기'와 '경험'이 중시되는 공간으로 변화해 왔다. 흥미로운 점은, 최근 몇 년 사이 한국 카페문화가 외국 관광객들에게도 크게 주목받고 있다는 점이다.

서울, 부산, 제주를 찾는 관광객 중 상당수가 '예쁜 카페 투어'를 일정에 포함하고 있으며, 한옥을 리모델링한 전통 카페, 도심 속 감성 로스터리 카페, 자연과 어우러진 전망 좋은 카페는 한국을 대표하는 문화 공간으로 주목받고 있다.

하지만 그만큼 경쟁도 치열하다. 짧은 유행 주기와 빠른 소비 흐름 속에서 많은 카페들이 사라지고, '인스타 감성'에 치우친 상업적 공간도 늘고 있다. 그럼에도 불구하고, '공간을 어떻게 살아갈 것인가'에 대한 한국인들의 고민과 실험은 계속되고 있다. 카페는 지금도 도시와 사람 사이의 틈을 메우고, 각자의 속도로 살아가는 이들에게 작은 안식을 제공하는 중요한 문화적 공간이다.

결국 한국의 카페문화는 단순한 소비나 유행을 넘어, 현대 한국인의 라이프스타일과 정서, 도시 문화의 단면을 담고 있는 문화 현상이라 할 수 있다. 커피 한 잔의 온기 속에서 사람들은 서로를 이해하고, 자기 자신과 마주하며, 각자의 이야기를 써 내려가고 있다. 그 일상이 모여, 오늘도 한국의 카페는 조용하지만 깊은 울림을 만들어 가고 있다.

+α 정리해 볼까요?

1. 오늘날 한국 카페문화가 단순한 음료 소비 공간을 넘어 '문화 공간'으로 여겨지는 이유는 무엇인가요?

2. 한국의 카페문화가 빠른 사회 변화 속에서 '쉼표' 역할을 한다고 했습니다. 그 의미에 대해 자신의 경험이나 관찰을 바탕으로 생각을 나눠보세요.

3. '감성 카페'와 'SNS 공유 문화'는 한국 카페문화의 어떤 특성을 잘 보여주고 있나요? 장단점을 서술해 보세요.

4. 한국의 카페문화가 외국인 관광객에게 매력적으로 느껴지는 이유는 무엇이라고 생각하나요?

5. 자신이 직접 '문화가 있는 카페'를 연다면, 어떤 테마와 기능을 중심으로 기획하고 싶은가요? 구체적인 아이디어를 설명해 보세요.

한국의 대중교통 문화

　　　　　　한국을 처음 방문한 외국인들이 가장 먼저 놀라는 장면은 아마도 대중교통일 것이다. 분 단위로 도착하는 지하철, 거의 모든 지역을 연결하는 버스 노선, 그리고 그 모든 교통수단을 하나의 카드로 이용할 수 있는 시스템. 복잡해 보이지만 놀라울 만큼 질서 정연하고, 빠르지만 조용한 그 풍경은 단순한 이동 수단을 넘어선 한국 사회의 문화적 일면을 보여준다.

　한국의 대중교통은 시간, 효율, 질서라는 세 단어로 요약할 수 있다. 도심의 지하철은 수분 단위로 정확하게 움직이며, 지연 안내까지 실시간으로 제공된다. 출퇴근 시간에는 사람들로 가득 차지만, 대다수 승객은 줄을 서서 기다리고, 안에서는 조용히 이동한다. 무심한 듯 보이는 이 풍경은 사실 배려와 규율 속에서 함께 움직이는 공동체적 움직임이다.

　이런 시스템은 기술적인 완성도에 그치지 않는다. 사람들은 노약자석을 비워두고, 이어폰 소리를 낮추며, 지하철 계단의 오른쪽을 비워두는 등의 일상적 배려를 실천한다. 누군가에게는 작아 보일 수 있는 이 행동들이 모여, 질서와 배려가 어우러진 교통 문화를 만들어낸다.

　외국인들의 시선에서도 이 점은 인상 깊게 다가온다. 일본, 프랑스, 필리핀, 베트남 등 다양한 나라의 대중교통과 비교하면, 한국의 대중교통은 속도와 편의성에서 단연 돋보인다. 교통카드 하나로 버스, 지하철, 심지어 일부 택시와 편의점까지 이용할 수 있는 점은 기술적인 통합의 성과이자, 사용자 중심 사고의 결과다.

　하지만 빠르고 정확한 시스템만이 전부는 아니다. 진정한 교통 문화는 사람과 사람이 만나는 공간에서 어떻게 서로를 대하는가에 달려 있다. 지하철에서 노인을 일으켜 세워 자리를 양보하는 젊은이, 버스에서 아기 유모차를 들어주는 승객, 조용히 책을 읽는 학생들까지, 이 모든 장면이 모여 한국의 대중교통을 단순한 '이동 수단'이 아니라 '사람이 함께 살아가는 공간'으로 만든다.

　이처럼 한국의 대중교통은 단순한 효율성 너머로, 시민 의식과 배려, 그리고 사회의 속도감을 함께 담고 있다. 이것은 어쩌면 한국인이 살아가는 방식, 즉 빨리 움직이되 질서를 중시하고, 효율을 추구하되 사람을 잊지 않는 태도를 보여주는 작은 단면일지도 모른다.

　대중교통은 그 나라의 일상이고, 그 일상은 그 사회의 문화를 말

해준다. 한국의 대중교통은 단지 빠르고 편리한 것 이상으로, 사람과 공간, 기술과 문화가 어우러진 결과물이다.

질서와 배려, 기술과 감성, 그리고 개인과 공동체가 만나는 그 공간에서 우리는 한국적인 삶의 풍경을 발견하게 된다.

이 일상이 곧, 한국이다.

+α 정리해 볼까요?

1. 한국 대중교통 시스템의 특징을 '시간, 효율, 질서'라는 키워드 중심으로 설명해 보세요.

2. 한국의 지하철이나 버스 안에서 볼 수 있는 '배려'의 문화에는 어떤 사례들이 있는지 구체적으로 적어보세요.

3. 다른 나라의 대중교통과 비교했을 때, 한국 대중교통의 강점과 약점은 무엇이라고 생각하나요?

4. '대중교통은 사람이 함께 살아가는 공간이다'라는 말에 담긴 의미를 자신의 경험이나 생각을 바탕으로 해석해 보세요.

5. 자신이 외국인 친구에게 한국의 대중교통 문화를 소개해야 한다면, 어떤 점을 강조하고 싶나요? 이유와 함께 설명해 보세요.

34. 뜨거운 휴식의 공간 찜질방

"몸도 마음도 지친 날, 어디로 가면 좋을까?"

한국 사람들에게 이 질문의 답 중 하나는 바로 찜질방이다. 단순히 뜨거운 방에서 땀을 빼는 것을 넘어서, 찜질방은 한국인만의 독특한 휴식과 치유, 그리고 공동체 문화를 담고 있는 공간이다. 외국인들에게는 낯설지만 동시에 매우 흥미롭고 인상 깊은 장소로 꼽히는 찜질방은 한국 대중문화와 생활방식의 한 단면을 보여준다.

찜질방은 본래 목욕탕에서 파생된 공간이다. 뜨거운 한증막에서 땀을 빼며 건강을 챙기던 전통에서 출발해, 현대에는 사우나, 온탕과 냉탕, 다양한 테마방(소금방, 황토방, 얼음방 등), 음식 공간, 수면 공간까지 갖춘 종합 힐링 문화 공간으로 진화했다. 낮에는 친구와 함께 수다를 떨고, 밤에는 가족이 모여 잠을 자기도 하며, 어떤 이에게는 공부 공간이 되기도 한다.

찜질방의 가장 큰 특징은 누구나 함께 사용하는 공동 공간이라는 점이다. 남녀노소, 친구, 연인, 가족이 함께 모여 땀을 흘리고 쉬며, 서로의 존재를 자연스럽게 받아들인다. 다른 문화권에서는 보기 힘든 이 공동체적인 분위기는 한국 특유의 정(情) 문화와 개방적인 인간관계에서 비롯된 것이라 할 수 있다.

찜질방에서만 볼 수 있는 독특한 문화 요소도 많다. 예를 들어 삐죽이 수건(양머리 타월)은 찜질방 이용자들의 귀여운 상징이 되었고, 식혜와 삶은 달걀은 찜질방의 대표 간식으로 자리 잡았다. 그 외에도 대형 TV, 만화방, 오락 기계, 심지어 헬스장이나 수면실까지 갖춘 찜질방이 많아지면서, 찜질방은 단순한 휴식 공간이 아니라 작은 도시 같은 복합문화공간으로 변모했다.

그러나 최근 들어 찜질방은 예전만큼 대중적인 문화 공간으로 이용되지 않는 경향도 있다. 코로나19로 인해 밀집된 실내 공간에 대한 불안이 커졌고, 개인의 프라이버시를 중시하는 젊은 세대가 늘면서 이용률이 줄어든 것도 사실이다. 하지만 여전히 찜질방은 한국인의 정서를 느낄 수 있는 장소로, 외국인 관광객에게는 "꼭 가봐야 할 한국 체험"으로 손꼽힌다.

찜질방은 단순한 휴식 공간을 넘어서 한국인의 삶과 문화, 그리고 정서가 녹아 있는 일상적 문화유산이다. 땀을 흘리며 몸을 비우고, 조용히 앉아 삶을 돌아보는 공간, 함께 나누는 뜨거운 공기 속에서 사람들은 또 하나의 온기를 얻는다. 그것이 바로, 한국 찜질방의 매력이다.

+α 정리해 볼까요?

1. 한국 찜질방이 단순한 목욕 공간을 넘어 '문화 공간'으로 발전한 이유는 무엇인가요?

2. 찜질방에서만 볼 수 있는 독특한 문화 요소(예: 양머리, 식혜, 달걀 등)를 설명하고, 그 의미를 발표해 보세요.

3. 한국 찜질방의 공동체적 분위기는 어떤 정서적·사회적 특징에서 비롯되었는지 말해보세요.

4. 코로나19 이후 찜질방 문화에 어떤 변화가 생겼으며, 앞으로 어떻게 변화할 가능성이 있을까요?

5. 자신이 외국인 친구에게 한국 찜질방을 소개한다면, 어떤 매력과 체험 포인트를 강조하고 싶나요?

35. 길거리 음식과 야시장 문화

한국의 길거리 음식 문화는 단순히 배고픔을 해결하는 수단을 넘어, 정겨운 일상과 서민적 삶의 온기를 품고 있는 소중한 문화 자산이다. 떡볶이, 순대, 어묵, 튀김, 호떡, 붕어빵, 꼬치류 등은 오랜 시간 동안 한국인의 거리 한복판에서 꾸준히 사랑받아 온 간식이자, 도시의 정서를 대변하는 풍경이기도 하다. 이 음식들은 어린 시절 학교 앞 분식집에서 친구들과 나누던 추억, 퇴근길 따뜻한 국물 어묵 한 조각의 위로처럼 감정과 삶의 기억을 함께 품고 있다.

길거리 음식은 유연한 공간에서 탄생하고 진화해 왔다. 따로 격식 없이 선 채로 먹거나, 좁은 의자에 둘러앉아 나누는 한 접시는 사람들 사이의 벽을 낮추고 소통을 부른다. 비록 작고 소박한 공간이지만, 그 안에서 나누는 대화와 정서, 일상은 매우 풍요롭다. 떡볶이 하나에도 취향이 갈리고, 단골 포장마차에는 고유의 소스와 조리법이 숨어 있다. 이는 길거리 음식이 단순히 '싸고 빠른' 먹거리라는 이미지를 넘어, 지역의 정체성과 개별 상인의 손맛, 그리고 수많은 사람들의 기억과 취향이 축적된 문화 콘텐츠임을 보여준다.

이러한 길거리 음식 문화는 2010년대 이후 '야시장(夜市場)'이라는 형태로 확장되며, 한국 도시 문화의 또 다른 매력을 형성하게 되었다. 서울의 밤도깨비야시장, 부산의 부평 깡통야시장, 대구의 서문시장 야시장 등은 지역 특색을 담은 길거리 음식은 물론, 수공예품, 음악 공연, 퍼포먼스가 함께 어우러지는 복합문화공간으로 자리 잡았다. 야시장은 단지 장터가 아니라, 젊은 창업자들의 실험무대이자 시민과 관광객이 함께 어울리는 도심 속 축제가 된 것이다.

또한, 길거리 음식은 외국인 관광객들에게 한국 문화를 가장 '가깝고 편하게' 경험할 수 있는 접점이 되기도 한다. 외국인들은 종종 한류 드라마나 SNS에서 보았던 떡볶이, 계란빵, 붕어빵 등을 실제로 맛보며 한국 문화를 더욱 생생하게 체감한다. 이는 '먹는 문화'가 시각적, 감각적 만족을 넘어 공감과 소통, 체험 중심의 관광 콘텐츠로 확장되고 있다는 것을 보여준다.

한편, 길거리 음식과 야시장 문화는 다양한 사회적 의미도 갖는다. 작은 손수레로 시작한 자영업이 한 사람의 생계가 되고, 지역의 소상공인에게는 야시장이 또 다른 경제적 기회가 된다. 동시에 환경 문제, 위생, 안전 등의 과제도 존재하며, 최근에는 친환경 포장재 도입,

현장 위생 관리, 창업 교육 등을 통해 개선 노력이 이어지고 있다.

  한국의 길거리 음식과 야시장 문화는 '서민적 미식'과 '도시형 축제', '일상의 문화적 콘텐츠'가 결합한 독특한 문화 현상이다. 사람들은 이 공간에서 함께 먹고, 웃고, 추억을 만들며, 삶의 리듬을 공유한다. 그리고 그 안에는 소소하지만, 진한 한국인의 정서와 삶의 향기가 담겨 있다. 이는 단지 음식이 아니라, 사람과 도시, 감정과 공간이 함께 끓어오르는 따뜻한 삶의 이야기이기도 하다.

+α 정리해 볼까요?

1. 한국의 길거리 음식이 단순한 먹거리를 넘어 문화적 자산으로 평가받는 이유는 무엇인가요?

2. 야시장이 현대 도시 문화 속에서 갖는 의미와 역할은 무엇인가요?

3. 길거리 음식이 한국인의 일상과 정서를 반영한다는 말은 어떤 점에서 나타나나요?

4. 외국인 관광객에게 길거리 음식이 효과적인 '문화 체험'이 되는 이유는 무엇인가요?

5. 길거리 음식 및 야시장 문화가 지속되기 위해 앞으로 어떤 과제가 해결되어야 할까요?

36.

24시간 문화와 편의점 생활

　　　　　　　　한국 사회에서 흔히 볼 수 있는 도시 풍경 중 하나는 24시간 내내 불이 꺼지지 않는 거리이다. 그 중심에는 편의점이 자리하고 있다. 현대사회에서 낮과 밤의 경계가 점차 흐려지는 가운데, 편의점은 단순한 소매점포를 넘어서 언제든 문을 열고 있는 '도시의 쉼터'이자 '일상 속 복합 문화 공간'으로 기능하고 있다. 특히 한국의 편의점은 세계적으로도 매우 독특한 형태로 발전해 왔으며, 24시간 문화의 핵심적인 거점 역할을 해오고 있다.

　한국에서 편의점은 간단한 먹거리나 생필품을 구매하는 공간을 넘어, 생활의 거의 모든 필요를 해결해 주는 다기능 플랫폼으로 작동한다. 즉석식 공간에서 라면을 먹고 갈 수 있고, 택배 접수와 공과금 납부, 복권 구매, ATM 이용, 간단한 약품 구입, 프린터와 팩스 서비스까지 제공된다. 이러한 기능을 갖춘 편의점은 대부분 도심 곳곳에 밀집해 있어, 누구나 도보로 5분 안에 도달할 수 있는 뛰어난 접근성을 자랑한다. 이 때문에 편의점은 늦은 귀갓길이나 야근 후 허기를 달래는 장소로 자연스럽게 자리 잡게 되었다.

이처럼 발전된 편의점 문화는 도시 생활 리듬의 변화와 함께 성장해 왔다. 불규칙한 근무 시간과 심야 소비자의 증가, 간편식을 선호하는 식문화 등의 흐름은 24시간 영업의 필요성을 만들어냈고, 이는 편의점을 '항상 깨어 있는 도시의 리듬'으로 인식하게 했다. 1인 가구의 증가와 혼자 식사하거나 술을 마시는 문화도 편의점이 더 가까운 생활 공간으로 자리 잡게 한 주요 요인이 되었다.

편의점은 단지 기능적 장소를 넘어, 작은 힐링 공간으로서도 존재한다. 혼자만의 시간 속에서 따뜻한 커피를 마시거나 간편 도시락을 먹으며 잠시 휴식을 취할 수 있는 공간으로 기능한다. 계절에 따라 바뀌는 한정판 간식, 지역 특산물과의 협업 상품, 인기 캐릭터 관련 상품은 단순한 소비를 넘어 문화적 즐거움을 제공한다. 이는 젊은 세대에게 '작지만 확실한 행복(소확행)'을 실현하는 일상 속 체험으로 이어진다.

외국인 관광객에게도 한국의 편의점은 하나의 관광지처럼 여겨진다. 다양한 간편식, 특색 있는 음료, 친절한 응대와 깔끔한 환경은 한국의 일상 문화를 경험할 수 있는 공간으로 알려져 있다. 특히 김밥, 삼각김밥, 즉석 도시락, 마시는 죽 등 한국식 간편식은 외국에서는 보기 힘든 메뉴로, 한국인의 식문화와 라이프스타일을 엿볼 수 있는 흥미로운 체험 요소가 된다.

하지만 24시간 편의점 문화에는 일부 사회적 과제도 존재한다. 야간 근무자의 피로 누적, 점주의 과중한 운영 부담, 에너지 과소비 문제, 그리고 주거지에서의 빛 공해 등 다양한 이슈가 함께 논의되고 있다. 그럼에도 불구하고 도시인의 빠른 생활방식과 유연한 소비 습관에 맞춰 편의점은 끊임없이 진화하고 있다.

한국의 편의점은 상품을 판매하는 공간을 넘어서, 현대인의 일상과 정서를 반영하는 문화적 공간이다. 언제나 켜져 있는 편의점의 불빛은 바쁘고 지친 사람들에게 잠시 쉬어갈 수 있는 장소를 제공하며, 24시간 사회 속에서 새로운 도시 생활의 문화를 이끌고 있다. 결국 편의점은 오늘날 한국인의 일상을 가장 가까이에서 함께하고 있는 작고 현대적인 거점이며, 도시의 생활 풍경 그 자체이다.

+α 정리해 볼까요?

1. 한국의 편의점이 단순한 소매점을 넘어 복합문화공간으로 기능하게 된 이유는 무엇인가요?

2. 한국의 편의점 문화는 1인 가구와 어떤 관련이 있으며, 이들이 편의점을 어떻게 이용하나요?

3. 외국인의 처지에서 본 한국 편의점 문화의 독특한 점은 무엇인가요?

4. 24시간 편의점 운영이 사회에 끼치는 긍정적 영향과 부정적 영향은 각각 무엇인가요?

5. 편의점이 한국 사회에서 '소확행'이나 '힐링 공간'으로 여겨지는 이유는 무엇인가요?

37. 세계가 주목하는 시민의 힘
38. 한국 민주주의의 기적
39. 질서를 지키는 일상의 예절
40. 보이지 않는 신뢰
41. 반려동물 문화와 공존 인식
42. 환경을 지키는 시민 행동
43. 속도의 그림자 속에서
44. "우리"라는 말의 문화
45. 함께 살아가는 사회를 위하여
46. 사람을 기억하는 나라

5부.

공동체 정신과 질서의 조화를 이루는 K-시민문화

37.
세계가 주목하는 시민의 힘

　　　　　　　　민주주의는 단순한 정치 제도가 아니다. 그것은 시민이 스스로 통치하고, 자유롭게 의견을 나누며, 사회의 방향을 함께 결정해 나가는 살아 있는 과정이다. 한국은 짧은 시간 안에 군부 독재를 이겨내고 전 세계가 주목하는 역동적인 민주주의, 즉 'K-민주주의'의 상징으로 떠올랐다. 이는 단지 제도적 민주주의의 성취를 넘어서, 시민 스스로가 만든 '참여형 민주주의'의 대표 사례로 평가받고 있다.

　한국의 민주주의는 1987년 6월 항쟁을 기점으로 뚜렷한 전환점을 맞았다. 수많은 시민이 거리로 나와 "호헌 철폐, 독재 타도"를 외치며 대통령 직선제를 쟁취했다. 이 경험은 한국 사회에 "국민이 나라를 바꿀 수 있다"라는 시민 의식의 자각을 남겼고, 이후에도 광우병 촛불집회(2008), 세월호 참사 이후의 사회운동(2014), 박근혜 대통령 탄핵을 이끈 촛불혁명(2016~2017) 등으로 이어졌다. 이러한 사건들은 단순한 집회나 시위를 넘어, 한국 민주주의의 시민 참여 문화가 제도 변화로 연결된 강력한 사례로 기록된다.

특히 2016~2017년 촛불집회는 백만 명이 넘는 시민들이 자발적으로 모여 '비폭력', '질서', '연대'라는 가치 아래서 행동한 세계적인 민주주의 모델로 평가받았다. 세계 언론은 이 장면을 "가장 한국적인 방식으로 완성된 민주주의"라고 표현했고, 외국인 방문객이나 학자들은 K-POP만큼이나 놀라운 "K-시민정신"에 주목했다.

K-민주주의가 특별한 이유는 단순히 투표하고 법을 따르는 것을 넘어서, 시민들이 사회 문제에 대해 끊임없이 목소리를 내고 실질적 변화를 만들어 내는 문화에 있다. 디지털 미디어와 SNS를 통한 실시간 여론 형성, 다양한 청년·여성·노동 계층의 정치 참여, 지역 공동체 기반의 의사결정 등은 민주주의의 새로운 가능성을 보여주고 있다. 즉, 한국 민주주의는 단지 정부와 제도의 이야기가 아니라, 일상 속의 시민 행동과 참여가 중심이 되는 '문화로서의 민주주의'다.

하지만 아직도 한국 민주주의는 완성된 형태가 아니다. 여전히 세대 간, 계층 간 갈등이 존재하고, 포퓰리즘이나 혐오 표현 문제 등도 풀어야 할 과제다. 그러나 민주주의란 본래 끊임없이 질문하고, 대화하며, 진화해 가는 제도이다. 한국 사회는 그 도전 앞에서 수동적 소비자가 아니라 능동적 주인으로서 살아가고 있다.

K-민주주의는 민주주의가 특정 국가의 전유물이 아닌, 시민이 주

체가 될 수 있는 보편적 가치라는 점을 세계에 보여주고 있다. 이는 한국이 단지 '경제성장의 기적'을 넘어 '시민의 기적'을 이룬 나라로 불리는 이유이기도 하다.

시민이 중심에 선 정치, 참여와 연대가 문화가 된 사회, 그것이 바로 오늘날 세계가 주목하는 K-민주주의의 모습이다.

🏛 +α 정리해 볼까요?

1. 'K-민주주의'가 세계적으로 주목받는 이유는 무엇이며, 그 안에 담긴 시민정신은 어떤 모습인가요?

2. 1987년 6월 항쟁부터 촛불혁명까지 이어지는 시민 운동의 공통된 특징은 무엇이라고 생각하나요?

3. 한국 민주주의에서 디지털 미디어와 SNS는 어떤 역할을 했고, 그 영향은 무엇인가요?

4. '참여형 민주주의'란 무엇이며, 그것이 일상에서 어떻게 실현되고 있는지 예를 들어 설명해 보세요.

5. 앞으로 한국 민주주의가 풀어야 할 과제는 무엇이며, 우리는 어떤 자세로 참여해야 한다고 생각하나요?

38. 한국 민주주의의 기적

1987년, 대한민국은 커다란 역사적 분기점을 맞이했다. 오랜 군부 독재 아래에서 국민의 정치적 자유는 억압되어 있었고, 언론은 통제되었으며, 인권은 종종 국가 권력 앞에서 무시되곤 했다. 그러던 중, 1월에 발생한 대학생 박종철의 고문치사 사건은 전국적으로 큰 충격을 불러일으켰다. 경찰은 단순 조사 중 "책상을 '탁' 치자 억하고 죽었다"라는 거짓 해명을 내놓았고, 이에 대한 분노는 곧 정부에 대한 불신으로 번지게 되었다.

이러한 상황에서 전두환 정권은 4월 13일, 대통령 직선제를 거부하고 기존 헌법을 유지하겠다는 '호헌 조치'를 발표한다. 이는 국민의 요구를 무시한 일방적 결정이었으며, 결국 시민사회의 거대한 반발을 불러왔다. 학생운동 세력과 종교계, 지식인, 그리고 일반 시민들까지 점차 거리로 나서기 시작했다. 마침내 6월 10일, 전국적으로 대규모 시위가 일어났고, 이는, 이른바 6월 민주항쟁으로 불리게 된다.

항쟁은 단기간에 그치지 않았다. "호헌 철폐", "독재 타도", "대통령 직선제 쟁취"와 같은 구호가 도심 곳곳을 메웠고, 서울을 비롯한 전국의 시민들은 연일 거리에서 시위를 이어갔다. 시위의 중심에는 학생들과 노동자들이 있었지만, 시간이 갈수록 일반 시민과 가족 단위의 참여도 눈에 띄게 늘어났다. 시민들은 스스로 마스크를 쓰고, 소금물로 최루탄에 대비했으며, 서로를 보호하고 연대했다.

결국 정권은 시민의 거대한 흐름을 막을 수 없었다. 6월 29일, 여당 대선 후보였던 노태우는 국민의 요구를 수용하겠다는 '6·29 선언'을 발표하게 된다. 이 선언에는 대통령 직선제 수용, 정치범 석방, 언론 자유 보장 등이 포함되어 있었고, 이는 6월 항쟁의 실질적 승리를 의미하는 것이었다.

6월 항쟁은 한국 현대사에서 매우 중요한 의미가 있다. 시민들이 스스로 권력을 향해 목소리를 냈고, 비폭력과 연대의 방식으로 정권의 방향을 바꾸어 놓았다. 6월 항쟁을 계기로 개헌이 이루어졌고, 같은 해 12월, 대통령 직선제가 부활한 선거가 치러지면서 민주주의가 제도화되는 계기가 마련되었다.

6월 항쟁은 단지 과거의 사건이 아니다. 그것은 오늘날 우리가 누리는 자유와 권리의 바탕이며, 시민이 주권자로서 어떻게 행동해야 하는지를 보여주는 교훈이다. 시간이 지나도, 그 외침은 오늘의 우리에게 여전히 질문을 던진다. "우리는 지금, 민주주의를 어떻게 지키고 있는가?"

+α 정리해 볼까요?

1. 6월 항쟁이 촉발된 직접적인 계기는 무엇이며, 이 사건이 국민 정서에 어떤 영향을 미쳤나요?

2. '호헌 조치'가 국민 사이에서 강한 반발을 일으킨 이유는 무엇이었나요?

3. 6월 항쟁은 다양한 사회 집단의 참여로 이루어졌습니다. 항쟁 과정에서 나타난 시민 연대의 모습은 어떤 방식으로 발현되었나요?

4. 6·29 선언의 주요 내용은 무엇이며, 이는 항쟁의 어떤 성과를 의미하나요?

5. 오늘날의 한국 사회에서 6월 항쟁의 의미는 어떻게 계승되고 있으며, 우리는 그것을 어떤 방식으로 기억해야 할까요?

39. 질서를 지키는 일상의 예절

한국을 처음 방문한 외국인들이 먼저 놀라는 것 중 하나는 공공장소에서 사람들이 질서정연하게 줄을 서는 모습이다. 지하철 승강장, 버스 정류장, 새로 문을 연 맛집 앞, 심지어 무인 기계 앞에서도 사람들은 조용히 자신의 순서를 기다린다. 이 모습은 단순한 사회적 규칙 준수가 아니라, 한국 사회에 내재한 배려와 공정, 공동체 의식이 일상에서 구현되는 방식이다.

줄을 서는 행위는 시간을 공정하게 나누는 문화적 장치나. 먼저 온 사람이 먼저 서비스를 받고, 뒤에 온 사람은 이를 인정하며 기다린다. 이 문화는 특히 아이들이 어릴 때부터 가정과 학교에서 철저하게 배우는 부분이기도 하다. 한국 사회에서는 '기다리는 법을 아는 것'이 좋은 시민의 기본 자질로 여겨진다. 이러한 문화는 특히 사람들이 많은 공간일수록 더욱 두드러진다. 예를 들어, 지하철에서는 내리는 사람이 모두 내린 후에야 타는 것이 자연스럽고, 길거리 음식점에서도 사람들이 혼란 없이 순서를 지킨다.

이 질서 있는 풍경은 단지 '규칙 준수'만을 의미하지 않는다. 이는 타인의 권리를 존중하고, 나의 행동이 공동체에 미치는 영향을 인식하는 성숙한 태도를 보여주는 것이다. 한국에서 줄을 새치기하는 행동은 단순한 실수나 예의 부족을 넘어서, 사회적 신뢰를 깨는 중대한 예절 위반으로 받아들여지곤 한다. 그러므로 줄서기 문화는 외국인에게도 빠르게 전파되며, 한국의 질서 문화를 이해하는 첫 관문이 되기도 한다.

줄을 서는 것과 더불어, 한국 사회에서 유독 인상 깊은 문화 중 하나는 '내 물건이 아니면 손대지 않는다'라는 보이지 않는 약속이다. 카페나 도서관에서 가방, 책, 노트북이 그대로 놓인 채 자리를 비운 광경은 외국인에게는 꽤 충격적으로 다가올 수 있다. 하지만 한국 사람들에게 이는 매우 자연스러운 일상이다. 타인의 물건에 함부로 손대지 않는 것은, 그 사람의 자리를 지켜주는 것이자, 존중의 표현이다.

지하철 안이나 공공장소에 놓인 휴대폰, 지갑, 노트북이 그대로 주인을 기다리는 장면도 자주 볼 수 있다. 많은 경우, 주인이 놓고 간 물건은 누군가가 경비실이나 분실물 센터에 정직하게 전달해 주기도 한다. 이런 모습은 한국 사회가 높은 시민 의식과 비언어적 신뢰 문화를 바탕으로 움직이고 있음을 보여준다.

이는 단순히 도덕적인 수준을 넘어서, 공공 속의 사적 공간을 서로 인정하고 보호하려는 사회적 합의에 기반하고 있다. 누군가의 물건을 건드리지 않고, 그 사람의 자리를 보장해 주는 문화는 '나와 너'의 관계가 아니라, '우리'라는 공동체 인식 속에서 이루어지는 것이다. 이러한 신뢰 문화는 외국인들에게도 강한 인상을 남기며, 한국 사회의 질서와 배려를 경험적으로 이해하게 해주는 주요한 요소가 된다.

한국의 시민문화는 법이나 제도만으로 만들어진 것이 아니다. 그것은 사람들이 생활 속에서 만들어 낸 습관과 예절, 그리고 비가시적인 신뢰로 이루어진 문화이다. 줄을 서고, 타인의 물건을 존중하며, 공공의 공간에서도 배려를 실천하는 행동은 작은 일이지만, 그것이 모여 한국을 안전하고 질서 있는 사회로 만드는 토대가 된다.

외국인 유학생이나 방문객에게 이러한 문화는 낯설 수 있지만, 동시에 감동을 주는 요소가 되기도 한다. 줄서기와 신뢰는 한국 사회가 추구하는 '함께 사는 삶의 방식'을 그대로 보여주는 일상의 민주주의이자, K-시민문화의 살아 있는 얼굴이다.

+α 정리해 볼까요?

1. 한국 사회에서 줄을 서는 문화가 정착하게 된 배경은 무엇이며, 그 문화가 지닌 사회적 의미는 무엇인가요?

2. '줄서기'나 '물건을 손대지 않는 문화'와 같은 일상 예절은 어떤 시민 의식과 연결되어 있나요?

3. 외국인의 시선에서 한국의 공공 예절 문화(질서, 신뢰, 배려 등)는 어떤 점에서 인상 깊을 수 있을까요?

4. 한국 사회의 '공공 속의 사적 공간을 인정하는 문화'는 우리에게 어떤 공동체적 가치나 책임을 요구하나요?

5. 자신이 생각하는 '좋은 시민'의 모습은 무엇이며, 그와 관련된 한국의 일상 예절을 예로 들어 설명해 보세요.

보이지 않는 신뢰

　　　　　　　한국 사회에서는 공공장소에 개인 물건을 두고 자리를 잠시 비우는 장면을 자주 마주할 수 있다. 예를 들어, 카페에서 가방이나 노트북을 자리에 둔 채 계산대에 가는 사람들, 도서관에서 필통과 노트만 남겨두고 자리를 비운 학생들, 그리고 음식점이나 휴게공간에서 휴대전화를 잠시 두고 이동하는 모습 등은 한국 사회에 깊게 자리한 '내 것이 아닌 것은 건드리지 않는다'라는 비언어적 신뢰의 문화를 보여주는 단적인 예다.

　이러한 일상적 풍경은 단순한 개인 습관이 아니라, 한국인들 사이에 내재한 무언의 예절과 사회적 합의를 상징한다. 타인의 물건에 손을 대지 않는 것은 단지 법적인 금지를 넘어, 그 사람의 공간과 권리를 존중하려는 공동체적 태도의 표현이기도 하다. 지하철이나 버스,

도심 거리 등에서 발견된 분실물이 그대로 남아 있거나, 누군가가 경비실이나 분실물 센터에 정직하게 전달하는 모습은 '남의 것은 건드리지 않는다'라는 윤리적 감각이 생활 속에 자연스럽게 뿌리내려 있음을 보여준다.

이 신뢰 문화는 한국 사회의 높은 시민 의식과 공공에 대한 책임감, 그리고 타인의 권리를 자신처럼 존중하려는 사회적 감수성을 반영한다. 물론 예외적인 사건도 발생하지만, 전반적으로 많은 사람들이 타인의 소유물이나 자리에 대해 본능적으로 조심하고 배려하는 태도를 보인다. 이는 단순한 절도 방지 차원을 넘어서, 사적인 물건을 통해 개인의 공간과 존재를 인정해 주는 무형의 존중이라 할 수 있다.

외국인 방문객이나 유학생의 시선에서 보자면, 이러한 문화는 놀라움 그 자체일 수 있다. 일상에서 신뢰가 작동하는 모습을 직접 경험하면서, 한국 사회가 공공 속의 사적 영역을 배려할 줄 아는 성숙한 공동체임을 체감하게 된다.

'보이지 않는 신뢰'는 결국 법이나 제도로 강제되지 않아도 작동하는 사회적 윤리이며, 이를 통해 우리는 개인의 자유와 공동체의 조화가 어떻게 함께 유지될 수 있는지를 확인하게 된다. 그것이야말로 한국 사회가 지닌 작지만 강력한 문화적 자산이며, 신뢰를 기반으로 한 일상의 예절이 오늘날 한국의 시민문화를 더욱 단단하게 지탱하는 원동력인 것이다.

🏛 +α **정리해 볼까요?**

1. 한국 사회에서 공공장소에 물건을 두고 자리를 비우는 행동을 가능하게 하는 '비언어적 약속'은 어떤 문화적 배경에서 비롯되었을까요?

....

....

2. '남의 물건은 손대지 않는다'라는 태도는 단순한 예절을 넘어 어떤 공동체적 가치를 보여주나요?

....

....

3. 이와 같은 무언의 신뢰 문화는 다른 나라와 비교했을 때 어떤 차이점과 장점이 있다고 생각하나요?

....

....

4. 이러한 신뢰가 잘 작동하지 않을 수 있는 상황에는 어떤 것이 있으며, 우리는 그 신뢰를 어떻게 지켜나갈 수 있을까요?

....

....

5. 자신이 경험하거나 목격한 '보이지 않는 신뢰'의 순간이 있다면 소개해 보세요. 그 경험이 당신에게 준 의미는 무엇인가요?

....

....

반려동물 문화와 공존 인식

한국 사회는 최근 몇 년 사이 눈에 띄게 달라진 풍경을 맞이하고 있다. 길거리를 걷다 보면 강아지를 유모차에 태운 사람, 반려동물과 함께 카페에 앉아 있는 손님, 병원이나 미용실 등 동물 전용 시설을 흔히 볼 수 있다. 과거 '애완동물'이라 불리던 존재들이 이제는 '반려동물'로 불리며, 단순한 소유의 개념을 넘어 가족 구성원, 동반자로 자리 잡았다. 이 같은 변화는 한국 사회의 가치관, 생활방식, 정서 문화 전반에 깊은 변화를 일으키고 있다.

무엇보다 '반려동물'이라는 용어의 변화 자체가 한국인의 의식 전환을 상징한다. '애완'은 즐기기 위한 대상, 소유물로서의 개념이 강했던 반면, '반려'는 함께 살아가는 존재, 감정적 유대의 대상을 의미한다. 이 변화는 단어의 차이만이 아니라 실질적인 사회적 인식의 변화로 이어졌다. 반려동물을 키우는 사람들은 단지 동물을 돌보는 것이 아니라, 그들의 생애 주기 전반인 입양, 예방접종, 정기 건강검진, 노후 돌봄, 장례 등을 책임지는 데 주저하지 않는다.

또한 1인 가구 증가, 고령화, 핵가족화와 같은 사회 구조의 변화는 반려동물을 가족의 빈자리를 채우는 존재로 인식하게 했다. 반려동물은 위로와 안정감을 주는 정서적 파트너가 되며, 외로움과 단절감을 해소하는 매개체가 되기도 한다. 특히 코로나19 이후 집에 머무는 시간이 길어지면서 반려동물을 통해 심리적 안정과 정서적 소통을 추구하는 문화는 더 확산했다.

이러한 반려동물 문화는 다양한 산업과 제도의 변화를 이끌었다. 펫푸드, 펫보험, 펫시터, 펫택시, 반려동물 전문 호텔과 리조트, 유치원까지 등장하면서 '펫코노미(pet+economy)'라는 신조어까지 생겨났다. 동시에 법과 제도 역시 변화를 맞이하고 있다. 예를 들어, 동물보호법 강화, 반려동물 등록제, 학대 처벌 기준 강화, 공공장소 내 반려동물 출입 규정 마련 등은 사회 전반에서 '동물의 권리'를 보장하려는 움직임으로 해석할 수 있다.

하지만 빠르게 확산한 반려동물 문화가 언제나 긍정적인 모습만을 띠는 것은 아니다. 유기 동물 문제, 소음 및 위생 관련 민원, 공공장소에서의 갈등 등은 공존 인식의 부족에서 비롯된 문제로 지적된다. 반려동물을 키우지 않는 사람들과의 공공질서 유지, 배려 의식 형성은 여전히 중요한 과제로 남아 있다. 또한 충동적인 입양과 방치, 반려동물의 생애 전체를 책임지지 않는 일부 반려인의 태도도 개선되어야 할 부분이다.

  이제 반려동물과의 삶은 단순한 유행이 아닌 문화적 현상이다. 그것은 인간 중심 사회에서 벗어나 생명 간의 공존과 상생을 실현해 나가려는 시대정신의 반영이기도 하다. 반려동물을 존중하고 이해하며, 이들과 함께 살아가는 사회적 책임을 다하는 일은 인간의 품격을 높이는 동시에, 성숙한 공동체 문화를 보여주는 척도다.

  반려동물 문화는 '어떻게 살아갈 것인가'에 대한 물음과 맞닿아 있다. 사람과 동물이, 도시와 자연이 함께 살아가는 방식을 고민하며, 더 따뜻하고 열린 공동체를 만들어 가는 길, 반려동물은 우리의 거울이자 동반자이며, 공존의 시대를 여는 조용한 혁명가들이다.

+α 정리해 볼까요?

1. '애완동물'과 '반려동물'이라는 용어의 차이는 무엇이며, 이 용어 변화가 시사하는 사회적 의미는 무엇인가요?

2. 한국 사회에서 반려동물 문화가 확산된 배경에는 어떤 사회 구조적 변화가 작용했나요?

3. 반려동물과 관련된 산업(펫코노미)은 어떤 방식으로 발전하고 있으며, 이것이 소비문화에 끼친 영향은 무엇인가요?

4. 반려동물과 공존하기 위해 시민들이 지켜야 할 공공 예절이나 사회적 책임에는 어떤 것들이 있나요?

5. 유기 동물, 공공장소 갈등 등의 문제를 줄이기 위해 우리 사회는 어떤 제도적 또는 교육적 노력을 더 할 수 있을까요?

42.

환경을 지키는 시민 행동

　　　　　　　　　오늘날 환경 문제는 전 세계의 공통된 고민이다. 기후 변화, 자원 고갈, 해양 쓰레기 등은 더 이상 먼 나라의 이야기가 아니다. 이런 시대적 흐름 속에서 한국 사회는 시민 개개인의 실천과 참여를 통해 환경 문제에 대응하고자 노력해 왔다. 그 대표적인 문화 중 하나가 바로 쓰레기 분리배출이다.

　한국에서는 일반 쓰레기뿐 아니라 플라스틱, 종이, 유리병, 캔, 음식물 쓰레기까지 세분화한 항목별로 철저하게 분리해서 배출해야 한다. 대부분의 아파트 단지나 주거지에는 분리수거장이 따로 마련되어 있고, 정확한 분리배출 요령이 안내문이나 표지판으로 안내되어 있다. 주민들은 정해진 시간과 요일에 맞춰 지정된 장소에 쓰레기를 버려야 하며, 규칙을 어기면 과태료가 부과되기도 한다.

이러한 시스템은 단지 행정적인 지침에 의존하는 것이 아니라, 시민들 스스로가 환경을 보호하려는 의식을 갖고 실천하고 있다는 점에서 더욱 주목할 만하다. 어린이들도 학교나 가정에서 "페트병은 라벨을 떼고, 찌그러뜨려야 해요." 같은 교육을 받으며 자란다. 이처럼 한국의 분리배출 문화는 생활 속에서 배우고 실천하는 시민교육의 중요한 한 부분이 되었다.

특히 한국의 음식물 쓰레기 분리배출은 독특하고 선진적인 시스템으로 평가받는다. 대부분의 가정에서는 음식물 쓰레기를 따로 모아 전용 용기에 버리며, 이 쓰레기들은 수거 후 사료나 퇴비로 재활용된다. 도시 곳곳에는 RFID(무선 인식 기술)를 이용한 음식물 쓰레기 전용 배출기도 설치되어 있어, 개인별 배출량을 측정하고 감량을 유도하는 시스템도 운영 중이다.

외국인들에게는 다소 복잡하고 낯설게 느껴질 수 있지만, 이 문화는 한국 사회가 환경을 개인의 일이자 공동체 전체의 책임으로 인식하고 있음을 보여준다. 이는 단순한 청결을 위한 행위가 아니라, 다음 세대를 위한 준비이고, 지구를 위한 연대인 것이다.

쓰레기 분리배출은 단순한 일상의 행위이지만, 그 안에는 나 하나의 행동이 사회 전체에 긍정적인 영향을 줄 수 있다는 시민정신이 깃들어 있다. 작은 실천이 모여 큰 변화를 만든다는 믿음, 그것이야말로 한국 시민문화의 아름다운 모습 중 하나다.

'환경을 위한 작은 배려'는 한국 사회에서 더 이상 특별한 행동이 아니다. 분리배출은 한국인이 매일 실천하는 시민 윤리이며, 공공의식을 행동으로 옮긴 가장 대표적인 문화이다. 지금, 이 순간에도 수많은 사람들이 분리수거함 앞에서 잠시 멈춰 고민하고, 분리하고, 다시 되돌아보는 이 모습 속에는 한국 사회가 꿈꾸는 지속 가능한 미래와 공동체 정신이 고스란히 담겨 있다.

+α 정리해 볼까요?

1. 한국의 쓰레기 분리배출 문화는 다른 나라와 어떤 점에서 다르고, 그 이유는 무엇이라고 생각하나요?

2. 일상에서 쓰레기를 정확히 분리배출 하는 행위가 왜 환경 보호에 중요한 역할을 할까요?

3. 한국의 음식물 쓰레기 처리 방식에서 특히 주목할 만한 점은 무엇이며, 그것이 사회에 어떤 긍정적인 영향을 줄 수 있을까요?

4. 환경을 위한 시민 행동이 단순한 규칙 준수를 넘어 '공동체의 윤리'로 자리 잡기 위해 필요한 조건은 무엇이라고 생각하나요?

5. 여러분이 실천하고 있는 또는 실천하고 싶은 환경 보호 행동은 무엇이며, 그 이유는 무엇인가요?

속도의 그림자 속에서

"빨리빨리!"

한국인이라면 누구나 익숙하게 들어온 말이다. 엘리베이터가 조금만 늦어도, 음식이 5분 늦게 나와도, 택배가 하루만 지연돼도 우리는 '왜 이렇게 늦어?'라고 말한다. 빠른 인터넷, 빠른 배달, 빠른 공사와 성장, 한국 사회는 말 그대로 '속도'의 사회다.

이른바 '빨리빨리 문화'는 한국을 짧은 시간 안에 압축·성장시킨 원동력이었지만, 그 안에는 놓치고 지나가는 깊이와 여유, 그리고 사람 사이의 균형이 숨어 있다.

한국의 빨리빨리 문화는 근대화와 산업화를 거치며 형성되었다. 전쟁의 폐허 속에서 짧은 시간 안에 국가를 재건해야 했던 현실, 제한된 자원을 효율적으로 활용해야 했던 절박함이 빠름을 미덕으로

삼게 했다. 실제로 한국은 세계에서 가장 빠른 인터넷 속도와 가장 짧은 제조·건설 주기를 자랑하는 나라가 되었다. 배달 서비스는 세계 최고 수준이며, 행정 처리 속도 또한 세계적으로 빠른 편이다.

이러한 속도는 '능률', '경쟁', '성과 중심'이라는 가치와 결합하여, 개인과 사회 모두를 끊임없이 앞으로 내달리게 했다. 하지만, 이 빨리빨리 문화는 빛과 그림자를 동시에 안고 있다.

무엇보다 가장 큰 문제는 지나친 조급함이다. 과정을 생략하고 결과만을 중시하는 문화 속에서, 우리는 종종 '완성도'보다 '속도'를 우선시한다. 이는 제품의 품질 저하, 반복되는 오류, 단기적 성과 중심의 사회를 만들어 낸다.

사람 사이의 관계에서도 여유를 잃게 만든다. 느린 말투, 신중한 의사결정, 차분한 성격이 오히려 '답답한 사람'으로 치부되기도 한다. 때로는 기다릴 줄 아는 인내심보다 '빨리 결론부터 말하라'는 태도가 앞선다. 이처럼 빨리빨리 문화는 효율적일 수 있지만, 인간적인 여백과 존중을 잃기 쉬운 환경을 만든다.

무엇보다, 이 문화는 스트레스를 일상화시킨다. 시간에 쫓기고, 결과에 조급해하고, 실수를 허용하지 않는 분위기 속에서 우리는 매일 '더 빨리, 더 많이'라는 압박을 받는다. 이것은 곧 과로 사회, 번아웃, 삶의 질 저하로 이어진다. 빠르게 살다 보면, 어느새 자기 삶이 어디로 가고 있는지도 모르는 채 살아가는 일이 벌어지곤 한다.

그렇다면 우리는 어떻게 이 문화를 돌아보고 개선할 수 있을까?

빨리빨리 문화 자체를 부정할 필요는 없다. 그 문화가 한국 사회의 성장에 이바지한 것도 사실이며, 여전히 '빠르고 효율적인 대응'은 세계가 부러워하는 장점 중 하나다. 그러나 이제는 그 속도에 '균형'과 '의미'를 더할 시점이다.

일할 땐 빠르되, 쉴 땐 천천히, 결정할 땐 신중하게, 관계에 있어선 따뜻하게. 속도와 성찰, 효율과 여유가 공존할 수 있는 사회를 만들어야 한다. 중요한 건 속도 그 자체가 아니라, 어디로 가는가이다.

우리는 무작정 빠르게만 달려온 시간이 지나, 이제 '빨리'보다 '바르게', '많이'보다 '깊이'를 고민해야 할 때다. 빠름을 이끌어온 한국 사회의 저력은, 이제 속도를 조절할 수 있는 지혜에서도 증명될 수 있을 것이다.

+α 정리해 볼까요?

1. '빨리빨리 문화'는 한국 사회의 어떤 역사적 배경에서 비롯되었으며, 그것이 사회 발전에 어떻게 이바지했는가요?

2. 속도가 강조되는 사회에서 개인이 겪을 수 있는 심리적·신체적 부작용에는 어떤 것들이 있을까요?

3. 한국의 '빨리빨리' 문화는 외국인의 시각에서 어떻게 받아들여질 수 있을까? 긍정적인 면과 부정적인 면을 이야기해 봅시다.

4. '빠름'과 '깊이' 사이의 균형을 위해 개인과 사회가 실천할 수 있는 구체적인 방안에는 어떤 것이 있을까요?

5. 속도 중심 문화가 인간관계에 미치는 영향은 무엇이며, 이를 극복하기 위한 '느림의 미학'은 어떻게 구현될 수 있을까요?

"우리"라는 말의 문화

한국어를 배우는 외국인들이 먼저 신기해하는 표현 중 하나는 단연 '우리'라는 단어이다. "우리 엄마", "우리 학교", "우리 집", "우리 회사" 등, 듣는 사람과 무관한 대상임에도 불구하고 한국인은 습관처럼 '우리'라는 말을 쓴다. 영어권에서라면 'my mother', 'my school'이 자연스럽지만, 한국어에서는 '내 엄마', '내 집'이라고 할 경우 오히려 거리감이 느껴지거나 자기중심적인 어감으로 받아들여질 수 있다.

이처럼 한국 사회에서 '우리'는 단순한 1인칭 복수 대명사를 넘어서는 말이다. 그것은 곧 공동체 의식의 언어적 표현이며, 개인보다는 관계를 중심으로 사고하는 문화적 사고방식을 담고 있다. '우리'라는 말은 나와 너, 혹은 나와 우리가 함께 속해 있다는 전제에서 출발한다. 그것은 소속감을 표현하고, 정서적 유대를 강조하며, 관계의 거리감을 좁히는 힘을 지닌다.

한국 사회의 오랜 농경문화와 유교적 전통은 개인보다 가족, 마을, 공동체를 우선시하는 질서를 만들어 왔다. 이 속에서 사람들은 혼자가 아닌 함께 살아가는 존재로 인식되었으며, 말 한마디에도 상대에 대한 배려와 연대의식이 배어들었다. 그래서 '우리 어머니'는 단지 나의 어머니가 아니라, 상대방에게도 익숙한 누군가이기를 바라는 마음이 담긴 표현이며, '우리 남편'은 듣는 이와 나의 사이에 그 사람을 연결 짓는 정서적 다리가 된다.

'우리'는 소유를 넘어서, 정체성과 정서의 표현으로 자리 잡는다. '우리나라'라는 표현 역시 그러하다. 자국을 일컫는 말이지만, 외국인 앞에서도 '내 나라'가 아닌 '우리나라'라고 말하는 것은, 듣는 이가 한국인이 아닐지라도 그 순간만큼은 함께 소속되었기를 바라는 정서적 초대인 셈이다.

물론 모든 문화가 그렇듯, 이러한 '우리' 중심의 표현은 때로는 배타성을 동반하기도 한다. 집단의 결속이 강할수록 외부자에 대한 경계도 생기기 때문이다. 그러나 오늘날의 한국은 다문화사회로 나아가고 있으며, 이제 '우리'라는 말도 점차 포용의 의미를 확장해 가고 있다. 외국인 유학생이 '우리 반', 이주민이 '우리 마을'이라고 말할 수 있을 때, 비로소 '우리'는 진정한 공동체의 언어가 된다.

'우리'라는 말은 단순히 말을 바꾸는 것이 아니라, 세상을 바라보는 시선 자체를 바꾸는 표현이다. 개인의 경계를 넘어 타인과 마음을 나누고, 함께 살아가려는 태도를 담은 한국어 속의 공동체 정신. 그 짧은 말 안에 깃든 한국에서 삶의 철학은, 오늘날에도 여전히 유효하다.

'나'에서 '우리'로의 전환. 그것은 곧 한국 문화의 정서적 풍경을 이해하는 출발점이다.

+α 정리해 볼까요?

1. 한국어에서 '우리'라는 표현이 자주 사용되는 이유는 무엇인가요?

2. '우리'라는 단어는 한국인의 공동체 의식과 어떤 관계가 있나요?

3. '우리나라'라는 표현은 어떤 문화적 함의가 있나요?

4. '우리' 표현이 외국인에게 혼란을 줄 수 있는 예를 들어보세요. 그리고 이런 표현을 이해하는 데 어떤 설명이 필요할까요?

5. 현대 한국 사회에서 '우리'라는 말이 포용과 배타 사이에서 어떤 역할을 할 수 있나요?

45.

함께 살아가는 사회를 위하여

21세기 한국 사회는 빠르게 다문화사회로 변화하고 있다. 농촌의 결혼이주여성, 산업 현장의 외국인 노동자, 유학생, 이주 아동, 그리고 다양한 문화적 배경을 지닌 가정들이 점점 한국의 일상 풍경 속에 자연스럽게 자리 잡고 있다. 예전에는 '단일민족국가'라는 인식이 강했지만, 이제는 다양한 언어와 피부색, 종교와 전통을 가진 사람들이 한국 사회의 일원이 되고 있다. 이에 따라 다문화와 이주민 수용성은 한국 시민문화의 성숙도를 판단하는 중요한 지표가 되고 있다.

한국 정부는 2000년대 이후부터 본격적으로 다문화 관련 정책을 추진해 왔다. 다문화가정 자녀를 위한 언어 지원, 결혼이주여성을 위한 정착 교육, 외국인 근로자를 위한 상담 센터 운영 등은 대표적인 예다. 특히 '다문화 가족 지원법'이 제정되면서 행정적 차원의 배려가 체계화되었고, 각 지자체에서도 문화 교류 행사나 한국어 교육 프로그램을 활발히 운영하고 있다. 이는 한국 사회가 변화하는 현실을 인식하고, 포용성을 높이기 위해 제도적 기반을 마련하고자 하는 노력으로 볼 수 있다.

그러나 제도적인 노력과는 별개로, 여전히 한국 사회에는 다문화에 대한 인식의 격차가 존재한다. 일부 지역에서는 외국인 노동자나 이주민에 대한 차별, 편견, 배척의 시선이 문제로 지적되곤 한다. 다문화가정 자녀들이 학교에서 겪는 문화적 고립감이나 정체성 혼란도 간과할 수 없는 사회적 과제다. 이는 단지 외국인을 '도움이 필요한 대상'으로 보는 시각에서 벗어나, 함께 살아가는 시민으로 존중해야 한다는 인식의 전환이 필요함을 보여준다.

그렇기에 다문화 수용성은 단순히 정책이나 복지 차원의 접근을 넘어서야 한다. 다문화는 '그들'의 문제가 아닌 '우리 모두'의 문제이며, 이주민을 포함한 다양한 문화 주체들이 평등하게 공존할 수 있는 사회적 구조와 인식이 바탕이 되어야 한다. 마을 축제에 다양한 국가의 문화를 함께 나누고, 학교에서 다문화 교육을 활성화하며, 일터에서 문화적 다양성을 존중하는 것이야말로 한국 사회가 성숙한 시민문화를 실현하는 길이다.

최근에는 '다문화'를 넘어 '다양성'이라는 개념으로 논의가 확장되고 있다. 문화적 차이를 단순히 수용하는 것이 아니라, 그것이 한국 사회의 창의성과 경쟁력을 높이는 요소가 될 수 있다는 시각이다. 서울과 같은 대도시에서는 다양한 국적의 음식점, 문화 공간, 외국인 커뮤니티가 자연스럽게 공존하며 새로운 지역 문화를 만들어 내고 있다. 다문화가 더 이상 '특별한 존재'가 아닌 '일상의 일부'가 되어가는 변화는 희망적인 신호라 할 수 있다.

한국 사회는 이제 하나의 민족, 하나의 언어, 하나의 문화만으로 설명할 수 없는 다층적 공동체가 되었다. 그 안에서 우리는 '같은 곳에서 다르게 살아가는 사람들'의 삶을 이해하고, 배려하고, 함께 길을 만들어 가야 한다. 다문화와 이주민을 포용하는 것은 단지 인도주의적인 차원을 넘어, 한국 사회가 더 건강하고 지속 가능한 공동체로 발전해 가기 위한 필수 조건이다.

다문화 수용성은 단지 외국인을 위한 문화가 아니라, 한국인을 위한 문화이기도 하다. 더불어 살아가는 사회를 만들어 가는 과정에서, 우리는 인간으로서의 존엄, 공동체의 책임, 그리고 문화의 다양성이라는 가치를 다시금 되새기게 된다.

+α 정리해 볼까요?

1. 한국 사회가 다문화사회로 변화하고 있다는 사실을 실생활에서 어떻게 느낄 수 있나요?

2. 다문화가정이나 이주민에 대해 한국 사회가 가지고 있는 긍정적인 인식과 부정적인 편견에는 어떤 것들이 있다고 생각하나요?

3. 이주민이 한국 사회에 더 잘 적응하고, 한국인과 함께 살아가기 위해 어떤 제도나 교육이 필요하다고 보나요?

4. '다문화 수용성'은 한국인의 삶에 어떤 영향을 줄 수 있을까요? 특히 청소년 세대나 미래 세대에게는 어떤 교육적 의미가 있을까요?

5. 여러분은 다른 문화권의 친구를 만났을 때 어떤 점이 흥미로웠고, 어떤 점이 어려웠나요? 그것을 극복하려는 방법은 무엇일까요?

46. 사람을 기억하는 나라

한 나라의 역사는 연대기적 사건이나 제도만으로는 온전히 설명되지 않는다. 그 역사 속에는 시대의 과제를 껴안고 실천했던 사람들의 선택과 헌신, 그리고 그들이 남긴 정신이 자리한다. 한국의 역사 또한 그러하다. 수많은 위인이 각자의 시대와 분야에서 국가와 공동체를 위해 살아왔고, 그들의 삶은 오늘날 우리 사회가 지향해야 할 삶의 태도와 가치를 말해주고 있다.

그중에서도 세종대왕, 장영실, 안중근, 유관순, 전태일. 이 다섯 인물은 특별한 의미가 있다. 그들은 정치, 과학, 독립운동, 사회 정의 등 서로 다른 분야에서 활동했지만, 공통으로 사람을 중심에 두고 정의와 책임, 실천의 가치를 몸소 드러낸 이들이다.

먼저, 세종대왕은 조선의 제4대 임금으로서 문자 창제, 과학 기술진흥, 민생 정책 등 다양한 분야에서 혁신을 이끈 통치자였다. 특히 한글의 창제는 단순한 언어 개발을 넘어 지식의 접근성을 모든 백성에게 열어준, 전무후무한 문화적 업적이었다. 그는 '모두를 위한 지식'이 어떤 의미인지를 실천으로 보여준 지도자였다.

세종대왕의 통치 아래에서 활약한 장영실은 신분을 넘어 능력으로 인정받은 대표적인 기술자였다. 측우기, 해시계, 자격루 등 그의 발명품은 당대 사회의 과학 기술을 앞당겼을 뿐 아니라, 농업과 행정 등 실생활에 실질적인 혜택을 가져왔다. 장영실의 업적은 과학 기술이 권력을 위한 수단이 아니라 공동체를 위한 도구가 되어야 한다는 철학을 잘 보여준다.

근대사의 어두운 시기에는 더 많은 희생과 결단이 요구되었다. 안중근 의사는 침략의 원흉을 단죄하는 행위를 통해, 한국의 독립 의지를 세계에 알렸다. 하지만 그는 단지 독립운동가가 아니라, 동아시아 전체의 평화와 연대를 꿈꾼 사상가이기도 했다. 감옥에서도 꺾이지 않고 〈동양평화론〉을 저술한 그의 신념은 오늘날에도 여전히 정의와 용기의 상징으로 남아 있다.

유관순 열사는 청소년이자 여성으로서 3·1운동에 앞장섰고, 감옥에서도 끝까지 민족의 자유를 외쳤다. 그녀의 존재는 단지 저항의 상징이 아니라, 진실을 외치는 목소리가 얼마나 강력하고 고결할 수 있는지를 보여주는 사례다. 그녀의 삶은 세대를 넘어 시대의 양심으로 기억되고 있다.

전태일은 현대사에서 노동자의 인권과 노동환경 개선을 위해 자기 몸을 던진 청년이었다. 그의 외침 '근로기준법을 준수하라'는 단순한 요구가 아니라, 사람이 존중받는 사회를 위한 외침이었다. 그의 죽음은 수많은 이들에게 각성의 계기가 되었고, 지금도 한국 사회의 노동권에 대한 인식 변화에 지대한 영향을 미치고 있다.

이 다섯 인물의 삶은 단지 위인으로 기억될 만해서가 아니다. 이들은 각자의 자리에서 공동체를 우선으로 생각하고, 시대가 요구하는 정의와 책임을 외면하지 않았기 때문이다. 그들은 한결같이 '사람'을 먼저 바라보았고, 실천과 헌신으로 그 가치를 증명했다.

오늘을 살아가는 우리에게 이들의 삶은 질문을 던진다.

우리는 지금, 우리 삶의 자리에서 무엇을 선택하고 있는가?

우리는 세종처럼 모두를 위한 배려를 실천하고 있는가?

장영실처럼 기술과 창의를 공공의 이익으로 연결하고 있는가?

안중근처럼 정의로운 행동을 두려워하지 않는가?

유관순처럼 신념을 지키기 위해 불편함을 감수할 수 있는가?

전태일처럼 보이지 않는 이들의 권리를 위해 목소리를 낼 수 있는가?

사람을 기억하는 문화는 곧 미래를 준비하는 사회의 자세다. 우리가 이 위인들의 정신을 오늘의 일상에서 되살릴 수 있다면, 그 기억은 과거에 머무는 것이 아니라 미래로 이어질 수 있다.

지금, 이 순간에도 '사람답게 사는 사회'를 만들기 위한 실천은 계속되어야 하며, 그 여정은 바로 우리 모두의 몫이다.

+α 정리해 볼까요?

1. 세종대왕이 한글을 창제한 의도는 무엇이며, 그것이 당시 사회에 어떤 변화를 불러왔는가요?

2. 장영실의 업적은 과학 기술이 공동체를 위한 도구가 될 수 있음을 보여 준다. 그의 발명품 중 하나를 예로 들어 설명해 보세요.

3. 안중근 의사가 남긴 〈동양평화론〉은 단순한 독립운동을 넘어 어떤 가치를 담고 있었는가요?

4. 유관순 열사의 항거는 한국 사회에서 여성과 청년의 역할에 대해 어떤 상징적 의미를 지니는가요?

5. 전태일의 외침은 오늘날 노동 인권과 어떤 관련이 있으며, 그의 행동이 한국 사회에 끼친 영향은 무엇인가요?

에필로그

"한국 문화, 함께 살아가는 삶의 미학"

문화란, 단지 오래된 것을 보존하는 데 그치지 않는다. 그것은 사람들의 삶을 감싸는 방식이며, 시간이 흐르면서도 여전히 우리의 일상 속에 살아 숨 쉬는 정서이다. 한국의 문화는 그런 의미에서 단단하면서도 유연하다. 전통의 뿌리를 깊이 내리면서도 시대의 변화에 발맞추어 그 가지를 넓게 뻗어왔다. 이 책은 바로 그 한국 문화의 흐름을 따라가며, 오늘의 한국을 살아가는 사람들의 삶의 결을 조심스럽게 들여다보고자 하였다.

1부에서는 '삶의 공간'과 '정서'에 주목하였다. 한옥의 따스한 온돌 바닥, 백일과 첫돌에 담긴 생명의 환대, 계절을 닮은 복식과 오방색의 지혜, 장(醬)과 나전칠기에 깃든 손의 기억, 그리고 '정(情)'이라는 관계의 끈까지 모든 것은 한국인의 삶에 스며든 문화의 표정이었다. 이 속에는 자연과 사람, 공동체가 하나의 조화를 이루며 살아가려는 깊은 삶의 태도가 담겨 있다.

2부에서는 시간의 흐름 속에서 전해지는 민속문화를 따라갔다. 명절 음식에 담긴 마음, 떡과 반찬의 정성, 전통놀이와 술에 깃든 여유, 그리고 그 속에서 웃고 나누고 돌보는 사람들, 한국의 전통문화는 축제와 교육, 쉼과 회복이 공존하는 삶의 양식이었다. 익숙하지만 섬세한 이 풍경들은 공동체적 삶을 중시하는 한국인의 정체성을 보여준다.

3부는 전통 예술의 감정을 이야기한다. 판소리와 국악, 왕실 음악과 여성국극, 탈춤과 전통 무용 등은 단지 예술을 넘어서, 감정의 공유이자 공동체의 울림이었다. 슬픔과 기쁨, 한과 흥, 고요함과 역동성이 어우러진 전통 예술은, 한국인의 내면을 가장 정직하게 드러내는 언어였다.

4부에서는 대중문화 속에서 오늘의 한국을 발견했다. 드라마, K-POP, 영화, 카페, 찜질방, 편의점과 야시장 등, 이제 한국의 일상은 세계와 소통하는 창이 되었다. 빠르게 변화하면서도 섬세하게 자기 돌봄을 실천하는 문화, 사람을 중심에 두는 소비 감성, 그리고 따뜻한 공유의 공간들. 전통은 단절되지 않고, 오늘의 삶 속에서 다른 얼굴로 다시 태어나고 있다.

5부는 시민문화에 관한 이야기였다. 민주주의를 향한 긴 외침, 공공 속의 예절과 신뢰, 반려동물과의 공존, 환경과 속도의 사회에 대한 성찰, 그리고 '우리'라는 단어에 담긴 관계의 미학까지, 한국 사회는 지금도 끊임없이 자신을 조정하며, 성숙한 공동체로 나가고 있다. 여기에 더해, 세종대왕·장영실·안중근·유관순·전태일이라는 위인들의 삶을 통해, 이 땅의 문화는 단지 과거의 이야기가 아니라 지금을 살아가는 우리에게 던지는 깊은 질문이기도 하다는 사실을 다시금 깨닫게 된다.

이 책이 말하고자 하는 바는 단 하나다.

한국 문화는 함께 살아가는 삶의 방식이며, 타인을 존중하고 기억하는 마음의 태도이다. 문화는 배우는 것을 넘어서 '살아보는 것'일 때 비로소 그 깊이를 알 수 있다. 한복을 입고, 반찬을 나누고, '정'을 느끼며, 일상의 공간에서 배려를 실천하는 작은 순간들, 그것이 곧 한국 문화를 이해하는 가장 정직한 길이다.

이 책이 유학생과 외국인 독자, 한국 사회에 관심을 두는 모든 이들에게 한국이라는 나라의 '사람다운 온기'와 '공동체적 품격'을 함께 느끼게 하는 한 권의 조용한 안내서가 되기를 바란다. 한국 문화는 지금도 현재진행형이다. 그리고 그 문화를 함께 쓰는 주체는 바로 우리 모두이다.

서영선

참고문헌

- 강순애(2020). 『한국 색채문화의 전통과 상징』. 이화여자대학교출판부.
- 김문식 외(2015). 『한국문화의 뿌리』. 한국문화사.
- 김창남(2020). 『대중문화의 이해』. 한울아카데미.
- 농촌진흥청(2020). 「전통음식문화 속의 떡」 보고서.
- 국가무형문화재 제38호 「장 담그기」 소개자료.
- 국립국악원(2022). 『궁중음악 해설자료집』.
- 국립민속박물관(2019). 『한국의 명절』.
- 국무총리실(2022). 「대한민국 시민의식 조사보고서」.
- 김창남(2020). 『대중문화의 이해』. 한울아카데미.
- 문화체육관광부(2018). 「한국의 의식주 전통문화」. 전통문화포털.
- 박찬욱 외(2019). 『한국 시민문화의 특징과 과제』. 한국사회학회.
- 서울시정개발연구원(2020). 『공공질서와 시민 행동 연구』.
- 서울특별시 도시교통본부(2021). 「대중교통 시민의식 보고서」.
- 송석하(1980). 『한국의 세시풍속』. 일조각.
- 여성국극박물관. 「정년이와 여성국극의 시대」 특별전 자료집.
- 윤영옥(2013). 『한국인의 생활문화』. 집문당.
- 윤태진 외(2018). 『한국의 방송문화』. 커뮤니케이션북스.
- 이혜정(2016). 『한국의 민요와 정서』. 민속원.
- 조동일(2003). 『한국 판소리 문학의 세계』. 지식산업사.
- 참여연대(2017). 「6월 민주항쟁 30주년 기념자료집」.
- 정재윤(2007). 「한국 전통 놀이문화의 의미와 가치」, 『한국문화연구』.
- JTBC 「폭싹 속았수다!」 방송 대본 및 방송통신심의위원회 공개자료.
- 한국콘텐츠진흥원(2023). 「K-콘텐츠 산업백서」.
- 한국환경공단(2023). 「분리배출 교육자료」.
- 한복진흥센터(2020). 「전통복식과 명절문화 자료집」.
- 국악방송 콘텐츠(2018). 아리랑 특별기획 다큐멘터리.
- 문화체육관광부공식홈페이지: https://www.mcst.go.kr/mcst.go.kr
- 전통문화포털(한국문화정보원운영): https://www.kculture.or.kr/culture.go.kr
- 한국민속대백과사전(www.grandculture.net)
- 한국관광공사 외국인 대상 문화 교육자료
- https://english.visitkorea.or.kr/
- Billboard(2025). 〈K-Pop Demon Hunters〉 사운드트랙, 글로벌 200 차트 석권. 출처: https://www.billboard.com
- Netflix(2025). 〈K-Pop Demon Hunters〉 2분기 시청률 보고서. Netflix 보도자료실. 출처: https://about.netflix.com
- 위키백과(2025). 〈K-Pop Demon Hunters〉.
- 출처: https://en.wikipedia.org/wiki/K-Pop_Demon_Hunters